中南财经政法大学出版基金资助出版

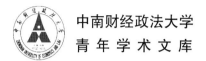

中南财经政法大学
青年学术文库

在线评论行为发生机制研究

张雯 著

WUHAN UNIVERSITY PRESS
武汉大学出版社

图书在版编目(CIP)数据

在线评论行为发生机制研究/张雯著.—武汉:武汉大学出版社,
2021.11(2022.9 重印)
中南财经政法大学青年学术文库
ISBN 978-7-307-22458-2

Ⅰ.在… Ⅱ.张… Ⅲ.电子商务—消费心理学—研究
Ⅳ.①F713.36 ②F713.55

中国版本图书馆 CIP 数据核字(2021)第 139466 号

责任编辑:韩秋婷 责任校对:李孟潇 版式设计:马 佳

出版发行:**武汉大学出版社** (430072 武昌 珞珈山)
(电子邮箱:cbs22@whu.edu.cn 网址:www.wdp.com.cn)
印刷:武汉邮科印务有限公司
开本:720×1000 1/16 印张:12.75 字数:187 千字 插页:2
版次:2021 年 11 月第 1 版 2022 年 9 月第 2 次印刷
ISBN 978-7-307-22458-2 定价:50.00 元

前　言

　　随着科学技术的高速发展和全球化进程的加快，风险传播成为政府专家与公众之间沟通的桥梁。以往风险传播研究重点集中于政府对公众的传播，较少关注公众的参与。如果仅仅从政府或者专家这一精英视角看待风险传播的科学展开的话，影响风险传播效率和科学性的另一端——公众就可能被研究者忽略。因为，若只依前者，似乎风险传播能够成功地依赖于政府的决策管理与专家们的风险而建构，公众会完全接受官方传递的信息，在决策过程中排除了公众的情绪、意见和认知。这样可能使得风险传播政策实施陷入困境，也难以进一步揭示公众因素对风险传播效率所产生的复杂影响。实际上，研究者也发现我国的风险传播依然出现单向传播的倾向。

　　新媒体平台为了增强网民的黏着度与参与度，开发了在线评论功能。网民可以通过评论直接对风险议题与政策进行讨论。一方面，海量的民间数据能够给政府提供一般民众的风险经验信息，使风险决策更人性化。但另一方面，重大风险事件发生后，在线评论区也容易沦为散布谣言、造谣生事的平台。因此，把握当下风险传播中网民在线评论的行为表现与发生机制尤为重要，是舆论引导和信息规制的前提。然而，我国在线评论研究多停留在"特征"描述这一阶段；网民行为机制研究也多采用危机管理和危机传播视角，将风险事件认定为社会运转中出现的"危机"，基于公共管理或者公共关系理论，探讨如何通过主流媒体的积极应对来化解危机，维护政府的形象。也有学者从社会抗争理论出发，多运用"资源动员""政治机会"和"框架策略"等概念探求网民进行集结与行动的逻辑。①

风险是指"可能出现的威胁或危险"，具有不确定性与未知性，代表一种危险和灾难的可能性。德国学者贝克提出的"风险"更多地针对科技发展给人类带来的完全威胁。所以，"风险"更多的是指某项技术或活动在一段时间后产生负面影响的几率。"风险事件"则是指风险爆发后，潜在危险转化为现实的损失，是一个中性的概念。

风险传播中的公众与专家/政府是平等伙伴关系，它们通过充分的互动、共同的思考，产生风险知识和政策的共识，促进民主社会的发展。公众承担着全面参与和团体、机构交换关于风险的信息和观点的职责，这些信息和观点是"与风险有关的信息，风险性质的多重信息和其他信息，表达了对风险信息或风险管理合法的机构的关注、意见和反映"。② 风险传播中网民表达的目的是推动风险传播，提高社会的风险认知，促进科学民主的风险决策的达成。

从这些角度来看，"风险传播"不同于"危机传播"，风险传播吸收社会学与心理学成果，关心一般民众对风险的看法与认识，强调民众与政府之间的互动与对话，研究使用何种传播技巧，降低双方之间的感知鸿沟，而非侧重于公共关系的理论，也不注重化解政府危机与维护形象。

同时，风险传播与抗争研究也存在巨大差异。从表面上看，互联网时代的参与表达都具有突发性、参与主体不确定性等特点，并且部分具有缺乏理性的特点，但风险传播中网民表达的目的是推动风险传播，提高社会的风险认知、促进科学民主的风险决策的达成，强调的是充分的互动、共

---

① 赵鼎新. 社会与政治运动讲义[M]. 北京：社会科学文献出版社，2012：26.

② Committee on Risk Peception and Communication, National Research Council. Improving Risk Communication[M]. Washington, D. C：National Academy Press, 1989：2.

同思考，而非抗争。

在此背景下，本书以情境理论为框架，将在线评论行为视作网民在现实和网络情境中的实践，沿着"建构—情境—心理—行为"的路径阐述在线评论行为发生的机制，试图从宏观、中观与微观三个层面，以及情境与个体双角度进行学理的深入挖掘，以探求研究视角转换与观点创新的效果，并在此基础上，提出合理进行信息规制的实现路径。

本书综合运用数据挖掘、内容分析、问卷调查和深度访谈研究方法，考察风险议题下的网民在线评论带有何种特征；分析多元行动者在网络情境中如何通过话语策略、框架建构与群体效应对风险意义展开符号争夺，博弈后形成的网络情境如何影响身处其中网民的在线评论行为；揭示当下中国社会情境在网络上的映射让网民形成何种社会认知，这种认知如何调节在线评论行为；探究技术升级带来的全新媒体情境使网民的何种需求心理通过何种在线评论行为得到满足。

据此，研究问题从网络情境、现实情境出发，围绕情境如何影响在线评论行为展开，具体回答以下问题：

（1）当下风险议题传播中，网民在线评论行为的发生频率如何？呈现何种特征？

（2）网络情境中的发帖者有哪些类型？建构话语分别是什么？在不同阶段，发帖者风险话语意义的争夺如何推动舆情演变？

（3）网络情境内的评论者有哪些类型？他们形成了什么类型的意见群体？

（4）网络情境由发帖者建构场与评论者意见场组成。那么，两种场之间是否存在冲突与合作？当网民面对复杂情境内的信息时，可能产生何种心理？这些心理如何影响人们对情境的反应行为？

（5）社会情境有哪些特点？浸淫于互联网的网民会产生何种社会认知？这些认知如何影响网民在线评论行为？

（6）媒体情境产生了何种变化？这种变化是否使人们的心理需求容易通过行为得到满足？人们为了满足需求采取了何种在线评论行为？

目　录

第一章
绪　论

第一节　研究缘起

20世纪80年代，德国学者贝克在《风险社会》一书中指出，随着科学技术的高速发展和全球化进程的加快，人类社会已迈入风险社会，风险代替危险成为时代的重要特征。① 近年来全球风险社会景观密集出现，涵盖了众多议题领域。除了难以控制的自然灾害事件，如2004年印度洋海啸、2005年美国卡特里娜飓风、2008年中国汶川地震、2019年澳大利亚森林大火等，公共卫生风险事件也频发，如席卷全球的2020年新型冠状病毒（至2021年）已造成超过1.5亿人确诊（这个数字正在持续上升），② 于刚果（金）爆发的埃博拉疫情致死率可达90%，③ 2014—2015年流行的寨卡疫情使南美陷入恐慌……在全球人类命运共同体的前提下，风险事件不仅影响各国政府的稳定运行，更关乎公民的生命权。④

大部分现代风险是潜在的、未经验的，人们无法通过感官直接感受风险，感知风险依赖于外部知识。传统风险传播模式倚重"科技范式"，希望

---

① 张燕. 风险社会与网络传播[M]. 北京：社会科学文献出版社，2014：1.

② WHO，冠状病毒大流行[OL]. [2019-10-04]. http://who.int/emergencies/diseases/Nouel-coronavirus.

③ 瞿乃婴. 全球迄今为止致死率最高的病毒之一——埃博拉病毒[J]. 健康教育与健康促进，2014，9(4)：279.

④ 牛丹丹. 公共卫生应急管理：以巴西应对寨卡病毒危机的措施为例[J]. 拉丁美洲研究，2017，39(2)：122-139.

通过政府组织或者专家的权威，对公众进行单向灌输和说服，试图消除民众对风险的恐惧和对抗，① 使他们按照专家传达的方式理解风险问题或者接受风险事实。然而专家和公众在风险感知上的巨大差异导致专家的警告和解释常常不被公众接受，加上单向告知模式将公众的情绪、意见、认知排除在决策过程之外，限制了公共政策议题决策的正当性。如我国山东疫苗事件(即 2016 年山东非法疫苗案)发生后，虽然政府不断强调接种疫苗的安全性和必要性，但疫苗接种率仍在一个月内下降了 20%。② 由此，笔者认为，公众需要被纳入风险传播体系。

新媒体为网民提供了参与风险传播的平台。新媒体平台为了增强网民的黏着度和参与度，开发了各种供网民发表意见、参与讨论的渠道，如在微博、微信、知识社区发表观点，以及提供风险经验；在线评论，可以对阅读的新闻、帖子表达意见、情感，对当下发生的事情进行公开讨论，网民之间也可以进行互动、讨论。这些方式缩小了政府、媒体与网民的社会距离。以网民在线评论为例，根据网易 2017 年推出的《跟帖大数据报告》显示，自 2003 年网易新闻的第一条在线评论出现至 2013 年，日平均活跃用户超 9000 万，日平均在线评论量超 120 万，2003—2013 这十年间网民共发布 102 亿条在线评论，超过 1000 亿字。③ 网民通过网络表达，可以直接参与社会和政治议题的讨论，在线评论区被视作当代的"18 世纪的咖啡馆"，以及公共领域的变形。基于此平台，网民对风险议题贡献自己的想法、专业的见解和隐藏的信息，自上而下的讲座式传统新闻模式变为公开的对话方式，是网民民主参与公共政策、社会议题的一种途径，是直接参与风险沟通的便捷渠道。

然而，一部分公众的科学素养相对不高，难以应对现代社会的复杂

---

① 强月新，余建清. 风险传播：研究谱系与模型重构[J]. 武汉大学学报(人文科学版)，2008，61(4)：501-505.

② 张祖名. 疫苗事件发生后，江苏疫苗接种率下降 20%[EB/OL]. [2016-04-26]. http://www.vojs.cn/2014new/c/k/d/tw_content_4715.shtml.

③ 网易新闻. 跟帖：非正常人类研究白皮书[OL].

性。从这些网民在网络上针对风险议题的在线评论可以看出，他们的风险意识不够清晰，可能会混淆风险发生的因果关系，他们不太爱针对风险议题主动寻求科学资料，更偏爱凭个人经验和身边案例来反驳专家的科学话语。① 他们不太信任科学，会采纳民间经验化解风险，偏爱简化与二分法的信息，要求绝对性的回答。② 从这些网络表达中可以读出对政府、组织、媒体、新闻信源以及其他网民的不信任、讽刺、嘲笑甚至言语攻击。特别是在重大风险事件发生后，在线评论平台时常沦为散布谣言、造谣生事的平台。这些弱点导致政府与专家并不热烈欢迎这种互动，或不积极回复网民。

虽然部分网民不像专家一样具备精准的科学知识，但是其接近社会本身的身份和生活经验给风险政策的制定提供重要参考。公众参加风险沟通有助于在科学理性的诠释下增加常人经验，通过风险议题中的网民表达可以了解网民对风险的认知和态度，以便更好地推行风险政策。Lei 等分析了 2012—2013 年的 36 篇接种流感疫苗新闻下的 1163 条评论，以了解网民对强制接种流感疫苗的态度。发现超过一半的评论者对强制接种态度消极，75%的评论者则不支持这种强制行为。③ 高和库分析了航空公司网站的在线评论内容，认为飞行感受、票价、安全性、登机是否需要签证等因素影响网民的飞行风险感知。④ 还有学者通过分析 71 篇有关 HPV 和人乳头状瘤病毒的新闻下的 3073 条评论，发现二分之一左右的网民支持 HPV 疫苗，三分之一左右的网民则对此持消极态度。支持者认为疫苗是安全有

① Áine McConnon. Strategies for Dismissing Dietary Risks: Insights from User-generated Comments Online[J]. Health Risk & Society, 2014, 16(4): 308-322.

② 曾繁旭，戴佳，王宇琦. 风险行业的公众沟通与信任建设：以中广核为例[J]. 中国地质大学学报(社会科学版)，2015, 15(1): 68-77.

③ Lei, Y., Pereira, J. A., Quach, S., Bettinger, J. A., Kwong, J. C., Corace, K., et al. Examining Perceptions about Mandatory Influenza Vaccination of Healthcare Workers through Online Comments on News Stories[J]. Plos One, 2015, 10(6).

④ Gao, Y., Koo, T. T. R. Flying Australia-europe Via China: A Qualitative Analysis of the Factors Affecting Travelers' Choice of Chinese Carriers Using Online Comments Data[J]. Journal of Air Transport Management, 2014(39): 23-29.

效的，反对者则质疑其安全性和效果，表达了对制药公司和政府的不信任，这些意见对推广疫苗非常重要。①

另外，网民的表达参与这一行为获得了风险建构的权力，"风险是什么"由社会决策者与网民共同定义。专家与政府不再是风险的唯一阐释主体，风险的定义经由社交平台上的在线评论信息被不断重塑。风险阐释的开放性使人们在风险认知和社会认知中产生新的可能，并且指导了许多人的现实生活实践。互联网将人们从专业精英的文化中解放出来，新闻事件可以甩开传统媒体直接闯入公众意识。新闻事件从刊出转变为公开，网民对于风险事件的信息享有评论、分享等多种在线表达模式，其讨论、评判、质疑有时可能置换、扭转原本的信息重点与价值取向，如涟漪般地影响其他网民的风险感知与行为。特别是攻击式的解读参与，频繁解构官方舆论生产的结构化文本，重新诠释主流话语。这些带有负面情绪、不支持政府风险政策的在线参与表达更可能激起阅读者的负面感受以及政策偏见，降低阅读者对政府政策的信任感，对读者的影响有时甚至超过新闻本身。

可以看出，社交媒体时代，风险议题下的网民在线评论是公民参与风险传播的一种频繁实践。网民评论能够给政府提供常人的风险经验信息，使风险决策更符合公众需求，从而提高风险政策推行和接受的可能。除此之外，网民对风险信息的反馈式在线评论打破了政府单方面风险建构的格局，并且这种参与式评论可能扭转信息重点，影响更多的网民。那么，我国风险传播中网民在线评论的现状如何？特点如何？造成这种行为表现的根本原因到底是什么？充分把握这些问题不仅可以及时拓展对风险事件中公众逻辑的规律性认识，更可以为政府有针对性地展开网络舆论生态治理提供依据和参考，防止事件恶性演变，提高风险沟通效率，具有较大的理论价值和现实意义。

---

① Feinberg Y, Pereira J A, Quach S, et al. Understanding Public Perceptions of the HPV Vaccination Based on Online Comments to Canadian News Articles [J]. Plos One, 2015, 10(6): e0129587.

然而，我国风险传播中的网民在线评论研究不仅数量少，并且仅仅停留在"特征描述"这一阶段，并且基本以个案研究与理论思辨为主，仅有少数不针对风险的研究实际验证了在线评论的影响或动因。国外学界风险传播的在线评论研究成果颇丰，研究者常以常态风险议题为主，较多探讨网民的风险感知与行为。议题多集中于与资本主义工业化发展密不可分的科技、健康、安全领域，较少涉及突发风险。研究多以促进协商民主为目的，围绕"在线评论特征""在线评论动因""在线评论影响""规范管制"等变量展开。在动因研究中，多从信息刺激—行为视角入手进行实验验证，研究发现媒体议题、框架、语义等信息特征以及多种网民心理影响着在线评论的质与量。国外学者的心理学研究路径源于西方文化的经验支撑，由于国外发达国家已完成社会重组与现代化过程，因此重点转移到个人生活质量与生存水平，个体行为成为研究焦点，基于心理学的信息刺激—行为路径对个体行为有相当的解释力。

基于现阶段我国处于转型期的现实社会环境，风险传播中网民在线评论难寻规律，既受到结构性因素的制约，又被具体风险情境所牵制。从国外的研究范式中可以找到对应性的经验，但解释力不足。譬如，在突发风险事件中既能看到媒体建构方式、沟通渠道等客观要素对网民在线评论行为产生影响，又能窥视到结构性情感等宏观因素制约着网民的行为。而国外在线评论研究往往存在单一因素决定论偏向与微观偏向，即强调微观层次上某一因素对行为的影响，要么忽略受众的主体性，夸大媒体效果，认为信息特征对行为有强大影响力；要么推崇受众的主观能动性，将其行为的发生原因与现实环境相剥离，这些都忽略了宏观以及中观层次结构性因素对在线评论行为影响。

本书认为，考察风险传播中网民在线评论行为，既要从整体上考虑具体网络传播情境中的变量，又要把握中观的媒体环境与宏观的社会结构性，需进一步引入新的理论，寻求理论突破，使对在线评论行为的解释更贴近中国现实。

戈夫曼与梅罗维茨的情境理论为个体行为的研究提供了全新视角。他们认为个体行为与情境息息相关。戈夫曼的理论重点解释了人际传播形成的情境与行为的关系，认为当一个人出现在另一个人（或一群人）面前的时候，自然形成一种情境，人们会对情境进行定义并根据定义表演，以呈现理想形象。梅罗维茨扩展了戈夫曼面对面的人际传播情境，将情境定义为信息系统，认为电子媒介产生的新"情境"模糊了前台与后台的界限，改变了个体行动，引发了社会变革。两位学者均强调"传播"形成的情境能对个体乃至社会变迁产生影响。

但是，梅罗维茨尝试摆脱信息—刺激媒介研究模式的同时，放弃了对媒介内容生产的解释，在推崇媒介内容对个人行为、社会变迁单方面的影响的同时，架空了媒介活动产生的社会背景，将媒介活动真空化。如果仅仅用梅罗维茨的情境理论解释风险传播情境与个体行动的关系，则剥离了风险意义产生的社会背景，不仅难以考察风险建构的复杂性，而且降低了理论的解释力度和现实的指导意义。与此同时，社会学家对风险研究的最大贡献之一在于提出风险建构论，很好地解释了媒体、社会与风险建构的关系。建构论在承认风险客观存在性的基础上，强调人们所感知的风险是带上社会的、制度的或文化的眼镜的知觉结果，是建构的产物。社会学家感兴趣的是解释社会行动者如何创造以及确定什么是风险，风险观点的形成与政治、制度与文化结构的关系。建构主义风险观提供了将风险建构放置于媒体与社会关系背景中考察的研究视角。

情境理论并没有明确强调个体的作用。实际上，戈夫曼与梅罗维茨两人的论述中均暗含着行动发生是人与情境的互动结果。戈夫曼的"定义情境"与"自我呈现"本质是微观层次上人的情境认知与主观能动性的表现。梅罗维茨情境理论中的行为更偏向于社会变迁，但变迁发生的前提在于社会个体通过比较后台信息与自身状态产生了"不满"或者"失望"等情绪，情绪的产生正是人对情境的判断结果。

至此，本书研究路径已十分清晰，即在社交媒体时代的背景下，以情境理论为中心，从微观、中观和宏观分别考察情境如何影响在线评论行为。其中，建构理论为微观层面上具体风险情境的建构提供考察思路，心理学研究为情境与网民的互动如何影响在线评论行为提供经验支持，关注个人与环境互动。具体来说：

第一，微观情境即网络情境。多元建构者加剧了情境内风险信息建构的复杂性。新媒体赋权使政府、主流媒体机构不再是风险事件唯一的阐释主体，民间领袖、专家以及普通网民集体参与风险意义的塑造，他们理解风险的角度多样，使得风险信息的呈现更加多样化。与此同时，风险的不确定性制造了恐惧和焦虑，加剧了网民对媒体的信息的依赖程度。如果网民无法从传统媒体话语中获取满意的信息，就会竭尽全力地寻求其他媒体渠道，以填补信息失调状态下的认同间隙。进入情境的网民通过判断情境考虑呈现的形象，做出相应的在线评论行为。微观情境重点考察建构风险的情境与行为的关系。

第二，中观情境即偏技术的媒体情境。技术升级使媒体情境形成低风险、低成本和强关系的新特点。网民作为社会个体存在心理需求，与前社交媒体时代相比，这些新特点让一些心理需求通过在线评论行为更容易获得满足。中观情境重点考察心理需求与在线评论行为的关系。

第三，宏观情境即社会情境。网民处于社会中，其行为受到社会情境潜移默化的影响。当下，中国正处于社会转型期，正从传统社会转向现代化社会、从农业文明转向工业文明、从封闭社会转向开放社会，社会中存在的风险会伴随着制度结构和社会关系的变化而显现。[1]网络成为网民解决问题、抒发情感的重要渠道，现实社会中的一些利益摩擦和冲突有投射到互联网舆论场上的可能。社交媒体是现代公众获取社会信息的重要途径，映射到网络上的风险与矛盾让受众患上"媒体抑郁症"，对社会认知可能存在负面倾向。这些经验与认知可能潜移默化地影响着网民对网络情境的判断与解读，支配着在线评论行为。宏观情境是现实客观存在，此层次重点探究网民对社会情境的认知与在线评论行为的关系。

---

① 刘涛. 环境传播的九大研究领域（1938—2007）：话语、权力与政治的解读视角[J]. 新闻大学，2009(4)：97-104.

第二节　什么是在线评论

我国的在线评论始于 2000 年，由搜狐网率先推出，开创了网民及时评论官方新闻的先河。2008 年在线新闻评论成为网易最重要的新闻产品，网易提出了"不在线评论，无新闻"的口号。某湖南长沙网友在网易新闻的评论中说："上网易六七年，早养成习惯：点开新闻，看下核心提示，打开网友在线评论……"此条在线评论得到了 3 万多名网友的支持。根据网易2017 年官方白皮书报告，自 2003 年网易新闻第一条在线评论出现，截至2013 年，日活跃用户超 9000 万，日在线评论量超 120 万，2003—2013 十年间网民共发布了 102 亿条在线评论，超过 1000 亿字。① 随后微博、微信等互联网平台纷纷开放在线评论功能，在线评论是政府及时获得原生态民意的重要途径。

明确研究对象是科学研究的前提。网民在线评论，又称网络评论，英文为"online comment"，其概念的演变围绕两个关键词展开，新闻评论（news comment）以及网络（online）。

在线评论的起源是新闻评论。台湾学者林大椿认为"新闻为事实的客观记录，评论为基于事实而发表的意见"。② 丁法章在《新闻评论教程》中指出，"新闻评论，是媒体编辑部或作者对最新发生的有价值的新闻事件和有普遍意义的紧迫问题发议论、讲道理，有着鲜明针对性和引导性的一种新闻文体"。③ 赵振宇在《论新闻评论的根本特性》中将新闻评论定义为"所谓新闻评论是传者借用大众传播工具或媒体，对新近发生或发现的新闻事实、问题、现象直接表达自己意愿的一种有理性、有思想、有知识的论说形式。新闻评论在报纸、广播、电视和网络上有不同的表现方式，或

---

① 网易新闻. 跟帖：非正常人类研究白皮书［OL］.
② 林大椿. 新闻评论学［M］. 台北：台湾学生书局，1978：5.
③ 丁法章. 新闻评论教程［M］. 上海：复旦大学出版社，2002：16.

文字，或声音，或音像结合，或图文并茂，在新闻传播中发挥着重要作用"。① 从以上三位学者的定义可以看出，新闻评论包括两个部分，一是新闻事件，二是意见表达。

网络新闻评论从字面上可以认为是以互联网为载体，基于新闻事件的意见表达行为。彭兰对于网络新闻评论的定义更为具体："网络新闻评论是在网络媒体上就新闻事件或者当前事态发表的评价性意见。"②与上述定义相比可以发现，对意见表达来说，彭兰只使用了"评价性意见"，而丁法章和赵振宇使用了更多如"有针对性""引导性""有理性""有思想""有知识"的定义来限制"意见"。从中文定义来看，网络新闻评论的范围更广，要求更低。

在英语中，新闻评论为"commentary"，网络新闻评论则为"comment"，根据韦氏大辞典，"commentary"指"a systematic series of explanations or interpretations"，"comment"指"a spoken or written statement that expresses an opinion about someone or something"，可见"commentary"比"comment"更强调系统性、解释性，而"comment"可以更加随意、简洁。

因此，网民在线评论所指的"评论"不同于传统新闻评论，只要基于新闻文本或相关信息发表的意见，无论此意见是否有逻辑性、针对性、引导性、系统性等，都属于网民在线评论的范畴。

在线评论与"交互"密切相关。不同于传统媒体，交互（interactivity）是网络的显著特点。不同学者对网络交互从不同视角分别定义。具体来说，基本从以下三种角度进行定义：

（1）从技术角度的定义。研究者认为交互发生的形式以及数量都是以计算机作为媒体的传播技术/结构决定的。③ Jones 和 Rafaeli（2000）创造了"对话的建筑"这个词语，认为技术创造了对话的平台。在此种视角上，用

---

① 赵振宇. 论新闻评论的根本特性[J]. 新闻大学，2006(1)：86-90.

② 彭兰. 网络传播概论[M]. 北京：中国人民大学出版社，2001：265.

③ Sundar, S. S. Theorizing Interactivity's Effects[J]. The Information Society, 2004 (20)：385-389.

户评论被技术平台限制，其特点也被此平台创造，比如是否限制字数，是否提供表达情绪的颜文字等。而且，提供平台者可以通过注册技术等来控制用户评论的内容。①

（2）从传播过程进行定义。学者将交互分为用户和系统的交互以及用户间的交互。Rafaeli 和 Sudweeks(1997)指出交互和过程相关，先决条件是参与，导致社交的发生。② Bucy(2004)认为交互首先应该是一种相互(互惠)的传播交换，这种交换包括媒体形式、信息或者传播技术。③ 其既可以是一种被中介了的社会互动，比如在线聊天、论坛发言；也可以是和非人际的媒介内容的互动，比如下载视频、玩电子游戏等。

（3）从用户感知的角度进行定义，强调效果，认为交互是指用户在计算机环境下和其他用户的交流，其结果是影响感知。

结合三种定义的特点，总的来说，网络交互指用户通过网络终端(包括计算机、手机、平板等)所提供的技术环境(角度1)，与计算机或者其他用户进行一种传播交换(角度2)，达到影响感知的结果(角度3)。

本书将新闻评论与网络交互的定义结合起来，将在线评论行为定义为以网络终端为载体，对新闻网站或者在线信息服务平台(包括微博、微信、论坛等)发布的新闻信息，以及其他用户发布的信息发表意见的行为。这种意见包括文字、图片以及载体所提供的表达方式(如点赞、反对、送花等)，并会对他人产生影响。具体来说，包括：①网络用户对新闻的文字性反馈信息，即网民撰写评论；②网络用户对此信息的扩散行为，即转发行为；③网络用户对新闻的其他互动行为，即点赞或送花等行为。

---

① Jones, Q., Rafaeli, S. Time to Split, Virtually："Discourse Architecture" and "Community Building" Create Vibrant Virtual Publics[J]. Electronic Markets, 2000(10)：214-223.

② Rafaeli S, Sudweeks F. Networked Interactivity[J]. Journal of Computer-mediated Communication, 1997, 2(4).

③ Bucy. Interactivity in Society: Locating an Elusive Concept [J]. Information Society, 2004, 20(5)：373-383.

第三节　对在线评论研究的考察

本节将综述现阶段在线评论研究。国外相关研究相对丰富，更关注"不文明"（uncivil）评论行为，即网民使用污秽的、情绪化方式阐释观点、表达态度，或对政府、组织、媒体、信源及其他网民进行讽刺、嘲笑、言语攻击的行为，该行为会破坏网络协商民主。国内学者的在线评论研究基本以特征描述为主，多为理论思辨；西方研究范围则更为广阔。下面大致从在线评论内容及特点、行为动因、效果、功能以及治理五大方面进行考察。

一、在线评论内容及特点研究

国外早期研究多为描述性研究，提炼出在线评论特征以佐证在线评论能促进协商民主。Mansevitch 和 Walker（2012）发现在线新闻评论提供了"大量的关键信息"，"通过表达对议题的态度立场以及严密的逻辑推理展示了公众权衡利弊的过程"，评论区成为网民与网民、网民对新闻报道"质疑、分享信息"的空间。① Ruiz 等人分析了五个国家的在线新闻评论，指出美国品牌媒体《纽约时报》网站的评论区已经形成网络公共领域："网民对议题进行良好的辩论，一些网民通过个人的专业经验作为论据来支持自己的论点，另一些通过引用数据或者附加信息强化观点"。② 评论区因双向开放性、低成本、用户友好界面等特性被认为是提供信息分享、进行理性辩论、形成公共舆论的理想公共空间。

随着研究的展开，一部分学者注意到不符合协商民主规范、损害公共

---

① Manosevitch E, Walker D M. Reader Comments to Online Opinion Journalism: A Space of Public Deliberation [J/OL]. [2012-04-07] http://online. journalism. utexas. edu/ 2009/papers/ManosevitchWalker09. pdf.

② Ruiz C, Domingo D, Micó J L, et al. Public Sphere 2.0? The Democratic Qualities of Citizen Debates in Online Newspapers[J]. International Journal of Press/politics, 2011, 16(4): 463-487.

领域的在线评论行为——"网民使用带有讽刺、嘲笑特征的无礼或者粗鲁的陈述对其他网民、组织、媒体以及政府进行攻击或者诽谤";"讨论对话中使用不必要的对议题、传播者以及参与者不尊重的语气";"嘲笑、故意歪曲、攻击性语言以及咒骂"。①

我国研究基本停留在特点研究阶段。最初的研究仅关注在线评论的特征,廖福生等(2010)认为在线评论含有"草根""极化"等特点;② 周书楠(2015)认为在线评论的通俗明了、简洁干练、花样翻新、情感直接丰富、幽默风趣等特征,使其具有巨大的吸引力;③ 徐顽强(2013)发现在线评论中有严重的地域歧视现象,情绪性、恶俗化的地域攻击语言泛化。之后的研究侧重在线评论情感的表达。④ 姚江龙(2013)等对网易两则新闻报道下的在线评论进行统计,从"悲情""质疑""戏谑""宣泄"四个层面分析情感表达特征。⑤ 党明辉(2017)使用计算机挖掘技术,分析了3007969条在线评论,发现负面情绪化表达普遍。⑥

二、在线评论行为动因研究

对在线评论特征进行全面分析后,研究者开始考察什么因素影响了在线评论的量与质,在线评论行为发生的原因是什么。起初,研究重点是媒介信息,研究者认为在线评论的数量暗示着新闻的重要程度、有趣程度与

---

① Rowe, Ian. Deliberation 2.0: Comparing the Deliberative Quality of Online News User Comments Across Platforms[J]. Journal of Broadcasting & Electronic Media, 2015, 59 (4): 539-555.

② 廖福生, 江昀. 对门户网站在线新闻评论特点的分析——以网易新闻为例[J]. 东南传播, 2010(6): 88-90.

③ 周书楠. 网络新闻传播过程中的在线评论语言特征分析[J]. 新闻知识, 2015 (1): 66-68.

④ 徐顽强, 谭伟. 网络在线新闻评论中地域歧视现象的现实解读与理性反思[J]. 电子政务, 2013(9): 9-13.

⑤ 姚江龙, 汪芳启. 网络在线新闻评论中网民情感表达分析——以网易在线新闻评论为个案[J]. 编辑之友, 2013(11): 68-71.

⑥ 党明辉. 公共舆论中负面情绪化表达的框架效应——基于在线新闻评论的计算机辅助内容分析[J]. 新闻与传播研究, 2017(4): 41-63.

影响力大小，挖掘出在线评论数量多的新闻的共性对新闻网站有商业价值。刘、周和赵(Liu，Zhou，Zhao，2015)通过分析网易新闻的社会新闻、娱乐新闻、科技新闻和经济新闻下面的在线评论，发现新闻结构、内容和用户特征可以解释在线评论数量47.1%的方差。其中新闻发布时间、是否包含图片、第一行内容是否含有本地信息、新闻事件发生地点、内容的负面性、是否有争议、是否被推荐系统推荐都显著影响在线评论数量。① 塔卡斯(Tsagkias，Rijke，Weerkamp，2011)等通过文本挖掘阿拉伯半岛新闻网站的新闻和相关在线评论，发现在线评论数量高的新闻多为军事、政治、国外势力等和阿拉伯世界联系紧密的主题，新闻出现的位置、发布时间也决定了在线评论数量。他们还对比分析了在线评论多和在线评论少的两组新闻，指出四个影响在线评论数量的新闻特征：表象特征(发布的时间)、积累特征(作为检索源的文章)、文本特征(更容易被检索)、语义特征(拥有本地特征的新闻标题等)。② 卡曼尔等将重点放在了文章内容的新颖上，认为新颖的内容是吸引受众的重要因素，他们研究了三个维度的新颖：当代新颖、自身新颖和讨论的新颖性，三者均会影响在线评论的数量。邦德利等人通过计算机辅助建立多维度模型预测推特(Twitter)上新闻的受欢迎程度，观察新闻来源、主题类别、写作情感是否主观情绪化，标题中是否含有熟悉度高的人物、地点或者组织这几点能够预测新闻是否受欢迎。③ 还有研究者分析了1100篇在线新闻以及其在线评论，发现用户更倾向于对涉及自身利益的议题进行在线评论，比如政治和健康，而忽视占

① Liu, Q., Zhou, M., Zhao, X. Understanding News 2.0: A Framework for Explaining the Number of Comments from Readers on Online News[J]. Information & Management, 2015, 67(6): 764-776.

② Tsagkias M, Weerkamp W, Rijke M D. News Comments: Exploring, Modeling, and Online Prediction [C]// European Conference on Advances in Information Retrieval. Springer-Verlag, 2010: 191-203.

③ Bandari R, Asur S, Huberman B A. The Pulse of News in Social Media: Forecasting Popularity[J/OL]. [2015-12-25]. http://arxiv.org/abs/1202.0332.

大量版面的运动与娱乐议题。① 我国学者发现正面叙述和认知叙述框架能显著影响在线评论的负面情绪表达，并且强势意见能得到更多的支持。

随后，有些研究者认为单一的信息研究忽略了人的因素，社会学、心理学理论开始应用于在线评论研究，研究范围也从在线评论数量扩展到在线评论质量与类别，研究目的重新回归如何建立协商民主的互联网公共领域。Yang 和 Kim（2016）认为人们发布善意/文明的在线评论是为了鼓励和帮助他人、自我满足以及促进社会发展；认为"感到愉悦""作出社会贡献""社会陪伴/交往""良好的自我呈现"是发表善意在线评论的主要原因；发布恶意在线评论的原因被总结为发泄愤怒、处理负面情绪或者仅仅因为"好玩"。②

三、在线评论效果研究

研究者更关注不文明在线评论对受众的影响，认为负面评论能影响网民风险感知、情绪、态度和行为。

在行为影响上，研究者普遍认为阅读不文明评论会使被试有不文明评论行为的倾向。Rosner、Winter 和 Kramer（2016）将重点放在了不文明和充满攻击的在线评论上，基于社会学习理论、一般攻击模型和社会冲击理论，通过组内实验发现不文明/攻击性在线评论会提升读者的认知敌意，但对情绪以及行为的作用并不显著。③ Zimmerman 和 Ybarra（2014）的经验研究发现，微博上充满攻击的用户评论起了社会模型的作用，加大了阅读

①　Almgren, S., Olsson, T. "Let's get them involved" …to Some Extent：Analyzing Online News Participation[J]. Social Media and Society, 2015, 1(2)：1-11.

②　Jang Y J, Kim H W, Jung Y. A Mixed Methods Approach to the Posting of Benevolent Comments Online[J]. International Journal of Information Management, 2016, 36(3)：414-424.

③　Rösner L, Winter S, Krämer N C. Dangerous Minds? Effects of Uncivil Online Comments on Aggressive Cognitions, Emotions, and Behavior[J]. Computers in Human Behavior, 2016(58)：461-470.

者在匿名的情况下写下攻击性评论的可能性。① Gervais(2015)的实验发现，被试撰写评论的不文明程度与所阅读评论的不文明程度呈正相关。②

在线评论同样影响阅读者的情绪、认知与态度。研究者认为阅读不文明评论会激起读者不愉快的情绪，比如愤怒，特别是当在线评论大部分是不文明评论的时候。当读者面对一个充满争议的话题的时候，有倾向性的评论对读者态度的影响比新闻本身的影响更大。Park 和 Lee(2007)通过实验发现关于公司报道的在线评论的数量和正负倾向性有交互效果，并影响被试对公司名声的感知。③ 我国学者闫岩(2015)以启动效应为理论框架，发现负面评论显著影响读者对产品的态度、对公司的态度与品牌推荐意愿。④

还有研究者认为在线评论并非单独作用，其效应与被试已存在的认知有关。Sung 和 Lee(2015)基于社会判断理论，以组织为客体，认为在线评论对读者态度的影响取决于读者既有态度。如果读者本身就对该组织有强烈的负面印象，其态度比起中立的读者更不容易被在线评论所影响。他们还发现两面性的在线评论比起一边倒的在线评论更容易影响既有负面态度的读者。⑤ Gervais(2015)的实验发现，被试对不文明言语的行为反应与他们所持的政治观点是否一致有关。只有当所持观点一致的时候，被试才会表达礼貌的言语，若观点不一致，会引起被试的愤怒情绪，愤怒程度与不

---

①　Zimmerman. Online Aggression：the Influences of Anonymity and Social Modeling [D]. Florida：University of North Florida，2012.

②　Gervais B T. Incivility Online：Affective and Behavioral Reactions to Uncivil Political Posts in a Web-based Experiment[J]. Journal of Information Technology & Politics，2015，12(2)：167-185.

③　Park，N.，Lee，K. M. Effects of Online News Forum on Corporate Reputation[J]. Public Relations Review，2007，33(3)：346-348.

④　闫岩. 人云亦云：在线评论对负面新闻感知的影响[J]. 国际新闻界，2015，37(3)：52-66.

⑤　Sung K H，Lee M J. Do Online Comments Influence the Public's Attitudes Toward an Organization? Effects of Online Comments Based on Individuals' Prior Attitudes[J]. Journal of Psychology，2015，149(4)：325-338.

文明程度呈正相关。[①]

随后，研究从负面评论扩展到正面评论，且普遍认为正面评论正向影响被试的认知与行为。正面信息也存在社会模型效应，阅读文明评论的被试比起阅读不文明评论的被试更倾向于用文明的语调进行在线评论，同时有更强烈的意愿参与讨论并提供更多讨论的角度。另外，不文明的在线评论会让被试对讨论的满意度下降并不愿意参与谈论。Chen 和 Ng（2016）基于第三者效果理论，对 301 位被试实施了实验，结果发现不文明评论会降低在线评论的说服效果，只有文明评论才会产生第三者效果，即人们认为在线评论的信息在劝服上对他人更有效。[②] Walther、DeAndrea、Kim 和 Anthony（2010）的实验发现，在 YouTube 上播放的反吸烟视频下的积极评论比消极评论对阅读者产生的戒烟效果更强。[③] 同样，Shi、Messaris 和 Cappella（2014）也考察了反吸烟新闻，他们发现积极评论在影响烟民对吸烟危害的感知上更为有效。吸烟者阅读负面评论时对戒烟有着更消极的态度。[④]

四、在线评论功能研究

在线评论作为典型的网民生产内容的表现形式之一，研究者认为网民可以通过在线新闻评论参与公共议题的讨论，评论区自诞生起便被视作公共领域的雏形，因此，关于在线评论产生的社会效果围绕公共领域展开。

---

① Gervais B T. Incivility Online: Affective and Behavioral Reactions to Uncivil Political Posts in a Web-based Experiment[J]. Journal of Information Technology & Politics, 2015, 12(2): 167-185.

② Chen X, Shi T. Media Effects on Political Confidence and Trust in the People's Republic of China in the Post-Tiananmen Period[J]. East Asia, 2001, 19(3): 84-118.

③ Walther, J. B., DeAndrea, D., Kim, J., Anthony, J. C. The Influence of Online Comments on Perceptions of Anti-marijuana Public Service Announcements on YouTube [J]. Human Communication Research, 2010, 36(4): 469-492.

④ Shi, R., Messaris, P., Cappella, J. N. Effects of Online Comments on Smokers' Perception of Antismoking Public Service Announcements[J]. Journal of Computer-Mediated Communication, 2014, 19(4): 975-990.

　　西方大部分学者认为在线新闻评论能促进哈贝马斯所言的协商民主，对此持有乐观态度，因为网络新闻媒体比起传统媒体使得市民之间的辩论更加"公开、高效、便利"。网民可以通过在线评论与其他人辩论、交流，贡献观点和经验，使公共协商成为可能。在线新闻评论削弱了专业记者对新闻的控制和把关，改变了由上而下讲座式的传统新闻模式，变成公开的对话方式。虽然有学者承认在线评论的匿名性与用户素质的参差不齐远离"理性辩论"这一标准，但网民间的这种"日常交流"的"开放式对话"是协商成立的基石。

　　随着研究的发展，有些学者开始怀疑评论区是否只是协商民主公共领域的乌托邦。Almgren 和 Olsson（2015）认为脸书、推特这种社会媒体的发展，给公民提供了一种新的参与机制，从而发展出参与性媒体生态，一定意义上是一种公共领域的变形。但他们认为权力的分配仍然是不公平的，用户仍然是弱者。他们想知道用户在不同类别的新闻上多大程度被允许或者阻止参与在线新闻评论，而用户更愿意对哪些类别的新闻进行在线评论。通过对 1100 篇新闻以及在线评论的内容分析，他们发现公共领域仍然被媒体组织所形塑，用户只被允许在体育或者娱乐这种轻新闻上作出各种在线评论，而政治新闻的在线评论区则被控制，但相反的是，民众最想参与的则是政治类的在线新闻评论。①

　　读者参与新闻在线评论这一行为看起来能够促进公共领域的形成，但是读者在何种程度上能够作出贡献依旧被一些因素所左右，比如记者对用户卷入的态度、新闻管理部门的在线评论管理策略、参与性应用的技术、资金来源、限制在线评论的法规和条例等，因此读者的自由表达依旧受到限制。除了以上因素，还与读者民主对话平台和发言质量息息相关。因此，在线评论这种形式的网民参与行为对公共领域作出的贡献是有限的。

　　近年来，学者开始指出那些鼓吹在线评论带有协商民主特征的研究选

---

　　①　Almgren, S., Olsson, T. "Let's Get them Involved" …to Some Extent: Analyzing Online News Participation[J]. Social Media and Society, 2015, 1(2): 1-11.

择的样本是"楷模式"的，一般网络辩论远远背离所谓的理性，特别是网络交流系统出现政府与组织利益殖民化。哈贝马斯本人也曾指出经济与权力开始无孔不入地干涉民众进入公共领域，公共领域出现"再封建化"。Dahlberg(2011)撰文批驳了哈贝马斯协商民主理论所隐含的四个预设。首先，他认为协商民主理论忽略了权力在理性协商与达成一致过程中所起的作用，无视社会、文化以及经济地位带来的主体间话语权的悬殊差距。其次，协商民主理论忽视多元主体间在意义和理性概念理解上的差距，反而把个体被迫使用颇有局限性的网络工具进行的博弈辩论看作是一种理性选择。再次，协商民主理论否认"差异"和"冲突"是民主的基石，却视为社会稳定的威胁，认为必须通过理性协商消除，从而达到一致，但忽略了民主本质是包容多样文化实践与表达的。最后，协商民主理论否定了情感在民主中的积极作用，而把这些可能促进极化的情感当作"危险要素"和"不理性的"，而将"温和和理性"看成是民主的构成主体，然而在威权政治体制下，"危险要素"才是推进民主的主要力量。他们引入后马克思主义理论的旗手墨菲的"抗争多元主义"(agonistic pluralism)，认为协商民主强调的"温和与理性"是一种假想情境，对抗与冲突才是现代政治的本质属性，激情是推动政治的原始动力。① 民主政治的任务是允许不同解释与对策之间互相竞争，而不是排斥。但这类研究在西方并非主流，Freelon (2015)尝试使用"聚合式民主"与"个人自由主义民主"研究推特与主流新闻网站之间的对抗性在线评论。大众媒体新闻话语组成了主导话语空间，而在线评论带有强烈的反话语空间的特征。②

五、在线评论治理研究

西方研究依然以实证为主，研究者指出，提高在线讨论的质量，减少

---

① Dahlberg, L. Re-constructing Digital Democracy: An Outline of Four "Positions" [J]. New Media & Society, 2011, 13(6): 855-872.

② Freelon, Deen. Discourse Architecture, Ideology, and Democratic Norms in Online Political Discussion[J]. New Media & Society, 2015, 17(5): 772-791.

不友善的和刻薄的讨论是创造公共领域的前提，并且新闻机构也不希望新闻网站上充斥着不文明的在线评论和讨论。因此，许多新闻机构制定了一些政策来控制低质量的发言，比如实行注册制，即过滤和限制政策。Ksiazek（2015）通过对 20 个在线新闻网站的调查发现，网站常用注册制、过滤某些在线评论、名誉管理系统三种方法提高网民讨论质量。① Cho 和 Kwon（2015）讨论了网络实名制对在线评论质量的影响。他们分别检验了政策导向制和自愿方式对减少不文明评论的影响，结果发现政策导向规制不仅不会减少，反而会增加不文明评论，而自愿实名则会显著地减少不文明评论。②

还有的学者从新闻工作者入手，考察记者或者网站管理者在治理评论区中的作用。其研究发现，记者一方面小心谨慎地欢迎读者的产出，一方面又对读者的文字质量和价值心存怀疑。记者仍掌管着新闻内容的"司法权"，给读者留下的参与空间相当有限，这种参与式新闻发展缓慢，新闻文化的核心并没有改变，记者仍然保持他们传统的守门员角色，并且抵抗这种互动形式。他们不关注在线评论，认为毫无用处，虽然有些在线评论会指出新闻中的错误。

Nielsen（2012）在 2010 年 2 月和 3 月间给 39 家报社的 2900 名记者发送了电子问卷，647 名记者回复了问卷。结果发现，记者们认为读者应该具有在线评论的能力，但他们并不认为应该对任何人都开放在线评论并且不喜欢具有攻击性质的评论。只有 35% 的记者承认他们会经常阅读自己文章下面的在线评论。③ Hermida 和 Thurman（2008）通过深入访谈发现英国新闻

① Ksiazek, T. B. Civil Interactivity: How News Organizations' Commenting Policies Explain Civility and Hostility in User Comments [J]. Journal of Broadcasting & Electronic Media, 2015, 59(4): 556-573.

② Cho, D., Kwon, K. H. The Impacts of Identity Verification and Disclosure of Social Cues on Flaming in Online User Comments[J]. Computers in Human Behavior, 2015, 51(PA): 363-372.

③ Nielsen C. Newspaper Journalists Support Online Comments [J]. Newspaper Research Journal, 2012, 33(1): 86-100.

记者依旧以守门员的角色来抵抗这种互动，以维护他们的名声、保持信任感、肩负法律责任，并认为过滤一些信息是对受众负责的表现。① Ürper 和 Cevikel(2014)对土耳其的主流在线新闻的网络编辑和管理员进行深入访谈发现，到目前为止，读者的在线评论对传统的新闻实践毫无影响，这种评论行为被低估甚至忽略。新闻人凭自己的主观经验对这些评论进行判断。②

一些研究也得出了相反的结论，认为记者会在意新闻下的在线评论。Diakopoulos 和 Naaman(2011)采访了 8 位网络编辑和 6 位版主，其中 65% 的人总是或者经常会阅读在线评论，10% 的人几乎不会阅读在线评论。经常阅读在线评论的新闻工作者认为有些在线评论的攻击性强，不阅读在线评论的主要原因在于评论质量较低，他们会一天多次定期查看自己文章下面的评论，并且还会回答一些问题。③ Robinson(2010)指出，69% 的新闻记者会经常阅读自己文章下的评论。评论帮助新闻记者创造新的新闻点子，指出不准确或不精确的信息。④

梳理在线评论研究文献可以发现，研究普遍强调评论的参与性与民主性，这正好与风险沟通中的公众参与相吻合，良性风险沟通强调政府和公众的双向互动、多元交流，以促进公众参与、与政府组织协商、建立信任关系为目的。因此，以在线评论为对象，考察风险传播中的网民参与是合适的。

---

① Hermida, A., Thurman, N. A Clash of Cultures: The Integration of User-generated Content Within Professional Journalistic Frameworks at British Newspaper Websites [J]. Journalism Practice, 2008, 2(3): 343-356.

② Ürper, D. Ç., Çevikel, T. Reader Comments on Mainstream Online Newspapers in Turkey: Perceptions of Web Editors and Moderators[J]. Communications, 2014, 39(4): 483-503.

③ Diakopoulos N, Naaman M. Towards Quality Discourse in Online News Comments [C]// ACM Conference on Computer Supported Cooperative Work, 2011: 133-142.

④ Robinson, S. Traditionalists VS. Convergers: Textual Privilege, Boundary Work, and the Journalist-audience Relationship in the Commenting Policies of Online News Sites[J]. Convergence, 2010, 16(1): 125-143.

第四节　情境视角下风险沟通中的在线评论行为

戈夫曼和梅罗维茨提出的情境理论不仅强调了环境与个体之间的互动，更解释了行为产生的原因，提供了观察行为的全新视角。但情境理论在解释情境与行为关系的同时忽视了情境的建构，弱化了人的主观能动性。幸运的是，社会学家强调情境是社会建构的结果，并为此作出细致的研究，心理学家围绕人与行为做出大量的基础研究。本书的理论框架便是基于情境理论展开，同时结合建构理论、心理学理论，将在线评论行为置于社交媒体时代中进行考察。笔者希望能增加我国社会转型时期风险传播中网民在线评论行为的解释力度，诊断出风险传播中存在的问题及背后深层的原因，实现网民行为研究的学术突破。

一、情境理论发展概述

戈夫曼和梅罗维茨的论著中都强调了"情境"的重要性。梅罗维茨在《消失的地域》一书中称戈夫曼在"研究新媒体对社会角色影响方面间接地提供了最多的思路"。虽然两位学者对情境理论的定义有所不同，但均强调"情境→行为"这一过程，即传播形成的情境影响个体行为。

1. 戈夫曼的情境理论

戈夫曼并没有在著作中明确地提出"情境"这一概念，认为"交互"（interaction）和"目前的"（环境）（present）形成一种情境。戈夫曼在《日常生活中的自我呈现》提出"拟剧理论"，论述人们在情境中的行动。他将"情境"视作"舞台"，将"行动"视为"表演"。舞台的形成取决于"在哪里""和谁在一起"以及"发生的时间"，舞台是"户内""任何在某种程度上感觉到屏障限制的地方"，"还受到一些时间方面的限定"。[1] 表演着重研究了日常生

---

[1]　[加]欧文·戈夫曼. 日常生活中的自我呈现[M]. 冯钢，译. 北京：北京大学出版社，2008：102.

活场景中人们面对面的互动细节，意在展示非语言的、看不见的互动规律。他探讨的主要问题是，人们如何通过互动在他人面前表演出一个他所期望的形象。因此，戈夫曼从情境到行为的作用路径是：面对面→情境（舞台）→定义情境→表演行为，即当一个人出现在一个人（或一群人）的时候，自然形成一种情境，情境内的人开始对此情境进行定义并作出合适的表演（行为和反应）。

对于戈夫曼来说，定义情境这一心理活动是关键。情境定义指根据主观与实践经验，对情境内存在的一切进行解读和判断，比如情境内的人物角色与特征，其目标、对话规则以及自我评价，等等。其中最为重要的一环是对情境中出现的人物进行推断。戈夫曼认为这种主观性的判断和推理是人们与生俱来的能力，人们可以通过无论是语言表达还是无法控制的、隐喻的非语言表达来推断一个人的角色，从而调整自己的行为。"当个体直接出现在他人面前时，他的活动将会具有一种约定的特点。"[①]这种特点，是社会认可的共同的意义，在不断的互动中赋予的。虽然无法肯定或者保证不同的人的理解是一致的，但大多数社会成员的推论基本不会互相矛盾。这是因为，"靠推论而生活。比如，我是你的客人，你不知道，不能科学地断定我会偷你的钱或银盘。但是，根据推论我不会偷，根据推论，你把我当作一位客人对待。"[②]

根据推断作出情境定义之后，个体开始进行舞台表演。戈夫曼把人们印象管理所展现的一面称为表演。通过表演，希望看表演的人相信，所看到的表演展现的品行与表演者所拥有的品行是完全一致的。表演发生在某段时间内，在一批特定的观察者面前，并对观察者具有某种影响。表演的舞台被戈夫曼称为"前台"，舞台设置包括家具、装饰品、摆设以及其他舞台背景项目。表演者会利用舞台设置进行表演，离开舞台的时候也就结束

---

① [加]欧文·戈夫曼. 日常生活中的自我呈现[M]. 冯钢，译. 北京：北京大学出版社，2008：102.

② [美]理查德·韦斯特，林恩·H. 特纳. 传播理论导引：分析与应用[M]. 刘海龙，译. 北京：中国人民大学出版社，2007：102.

了自己的表演。

因此，戈夫曼的情境理论解释的是日常生活中人际传播是如何产生和进行的。当人们面对面准备进行交流的时候形成情境，人们通过表演者的语言、行为(无论是有意的还是无意的)推论出表演者的角色，这种推论是人类社会共通的。根据推论定义情境后，人们利用前台设置开始自己的表演，这种表演的目的是为了某种利益，比如呈现一个自己所期望的形象。所以，戈夫曼的情境理论承认人的主动性，因为无论是推断还是表演，都是人在情境中的主动性行为。

2. 梅罗维茨的情境理论

梅罗维茨的情境范围非常宏观，脱离了"在哪里"和"和谁在一起"的地点限制。情境扩展到了任何能产生信息流通的情况，他将情境定义为信息系统。"地点和媒体同为人们构筑了交往模式和社会信息传播模式……地点创造的是现场交往的信息系统，而其他传播渠道则创造出许多其他类型的情境。"①梅罗维茨强调信息流动创造的情境对人类社会行为的影响。

梅罗维茨强调媒介是情境形成的前提，媒介是行为发生的起点，即媒介模糊了前后台信息，产生了新的"情境"，新的情境的产生对行为者认知产生影响，从而引起行为的变化，甚至引起社会变革。

梅罗维茨的情境理论集中于电子媒介形成的情境如何影响个体行为。其主要论述原本属于后台的情境通过电子媒介公开展现在社会个体面前所带来的影响。比如酒吧呈现在妇女面前，烟酒、性和暴力呈现在儿童的面前，在这种情况下，人们如何接收这些新的未曾见的情境，产生了何种影响。梅罗维茨强调情境由媒介创造，特别是大众电视媒体。

梅罗维茨所说的情境不仅对个体行为有影响，而且改变了社会结构，加速了社会变迁。"如果男性和女性经常坐在一起看相同的电视节目，那

---

① ［美］约书亚·梅罗维茨. 消失的地域［M］. 肖志军，译. 北京：清华大学出版社，2002：31.

么区分男性话题和女性话题的能力会大大降低。更重要的是，一旦男性和女性共享大量的信息，而这种共享是显而易见的，那么他们可能开始使用相同的语言，讨论相同的话题，并且期望相同的特权……电视与女权主义意识的兴起关系密切……电视对公共男性领地的不断暴露鼓励了女性要求在所有公共场合进行性别融合。"①同样，梅罗维茨认为电子媒介对后台的暴露，更进一步同化成人与儿童角色，因为"一旦儿童在电视上接触了成人信息，那么他们接受传统儿童文学中神圣的、理想化的内容就会越来越困难"。② 除此之外，电视媒体侵蚀了政治家传统的后区与前区之间的屏障，政治家的私人生活和即时反应展现在了先民面前，破坏了神秘感，政治家从英雄降为普通百姓，政治信任受到了严重损害。③

梅罗维茨为该研究提供的最大的思路之一是信息流通的地方形成情境，之二是媒体的发展导致后台信息的社会共享，造成人们社会认知的改变。那么，按照梅罗维茨情境论的这两点，第一，凡是信息流动的地方，比如网络论坛、即时通讯、在线新闻评论、微博微信，都可以形成一个情境；第二，网络社会的后台信息化共享程度相比电视媒体时代更为严重。电视媒体相比文字媒体，降低了接触后台的文化门槛，但是后台的暴露依然被控制。进入网络时代，由于此专业把关的缺失，后台随时随地容易被暴露，更加难以控制。

3. 移动传播时代的情境理论

进入移动传播时代后，情境理论逐渐演变成场景理论。罗伯特·斯考伯与谢尔·伊斯雷尔在著作《即将到来的场景时代》中，将"场景"概念运用于传播学领域，他们将移动设备、社交媒体、大数据、传感器和定位系统

---

① [美]约书亚·梅罗维茨. 消失的地域[M]. 肖志军，译. 北京：清华大学出版社，2002：165.

② [美]约书亚·梅罗维茨. 消失的地域[M]. 肖志军，译. 北京：清华大学出版社，2002：257.

③ [美]约书亚·梅罗维茨. 消失的地域[M]. 肖志军，译. 北京：清华大学出版社，2002：258.

视为构成新型场景的五种技术力量，称为"场景五力"，关注之间的联动效应。① 他们强调人类传播活动的最终目的在于个性化信息和服务的适配，场景传播就是在特定时空环境下为用户提供个性化信息与服务，追求"时空一体"的体验。

近年来，我国研究者也尝试通过场景理论分析和解答移动传播时代出现的新的传播现象与问题。研究者们认为场景是人与周围环境形成的一种氛围。彭兰（2015）指出空间与环境、实时状态、生活关系和社交氛围是构成场景的四个基本要素。② 郜书锴（2015）将场景定义为"人与周围景物关系的综合，核心要素是场景与景物等硬要素，以及与此密切相关的空间与氛围等软要素"。③ 喻国明等（2017）更进一步地指出在移动互联网时代的场景，不单单是一种"满足受众需求，适配信息和感知的手段，更成为重构社会关系，调整赋权模式的全新范式"。④ 因此，移动互联网时代的场景是一种环境与气氛，是连接人与人、人与地方的空间环境，这种特定时间、特定空间、特定人物的组合影响人们的行为与需求。

二、情境理论视域下的在线评论行为

场景偏向于空间环境，情境更多指行为情境与心理氛围，本书所说的情境更偏向后者，因此研究倾向于将戈夫曼和梅罗维茨的情境论进行结合。梅罗维茨的情境理论源于前互联网时代的电子媒介时代，因此他的情境理论中探讨更多的是一种电视剧或者电影、新闻呈现出的"设计好"的情境，并非戈夫曼所说的不断变化、根据个人主动进行定义的情境，是一种技术限制的被动变化；在行为的影响上也侧重一种宏观的社会角色改变，

① [美]罗伯特·斯考伯，谢尔·伊斯雷尔. 即将到来的场景时代[M]. 赵乾坤，周宝曜，译. 北京：北京联合出版公司，2014：63.
② 彭兰. 场景：移动时代媒体的新要素[J]. 新闻记者，2015（3）：20-27.
③ 郜书锴. 场景理论：开启移动传播的新思维[J]. 新闻界，2015（17）：44-48.
④ 喻国明，梁爽. 移动互联时代：场景的凸显及其价值分析[J]. 当代传播（汉文版），2017（1）：10-13.

而非戈夫曼的个体传播行为的微观改变。如果要用情境理论来解释网络时代的个体行为，他们任何一方的解释都显得不足，因为网络既是一种媒体技术形成跨越空间和时间流动的非完全同步性的情境，又是一种互动性强、无法完全被某个组织所设定的情境。换句话说，在宏观情境设定中，梅罗维茨的情境论提供了思路，在微观个体行为上，戈夫曼的情境设定又能做出解释。因此在网络时代，可以将信息流动产生的情境与个人定义的情境进行整合，提出新的情境视角，解释网络时代"人的行为到底受什么影响"的问题。在汲取两位学者理论的营养后，本书对情境进行更加详细的解释。

首先是网络情境。互联网产生了各种各样新的情境，如前所述，凡是信息流动的地方，比如网络论坛、即时通信、在线新闻评论、微博微信，都可以形成一个情境。情境可大可小，是一种动态存在。比如网络上关于某件事情的一篇新闻可以创造一个小情境，与这篇新闻相关的网络话题可以创造一个更大的情境；一篇新闻与其下方的在线评论可以形成一个相对封闭的情境，不断进入的在线评论使这个情境发生动态改变。

其次是现实情境。除了具体获取风险信息的网络情境以外，媒体化社会使整个社会成为一个巨大的信息系统。在宏观社会中，所有流动的信息、电视、网络、人际传播等共同形成一个稳定的现实情境，每一个身处此社会系统中的个体心理和判断都会受到现实情境的影响。

本书以情境理论为中心，将情境置于社交媒体时代，在网络情境(微观)、媒体情境(中观)和社会情境(宏观)三个层面分别考证情境如何影响在线评论行为。

第五节　研究理论基础

一、情境理论

随着互联网从军用到民用，再到商用，从精英到大众，随着计算机和网络技术的空前发展，各种社会性软件、网站、客户端层出不穷，互联网已经进入"众联网"时代，用户界面越来越友好，上下载速度越来越快，人们对其他用户创造的内容越来越着迷。这种新的信息流动模式对社会产生了巨大影响，特别是新的媒介形态出现，使得社会控制方式受到了极大冲击。但在风险沟通研究中，绝大多数的研究者依旧延续了早期大众媒介研究的主流传统，注重信息的内容，而忽略了不同类型的媒介潜在的不同影响。如前文所述，戈夫曼和梅罗维茨的论著中都强调了"情境"的重要性，虽然两位学者对情境理解的定义有所不同，但均强调"情境→行为"这一过程，即传播形成的情境影响个体行为。

结合两位学者的定义，本书认为网络既是一种媒体技术形成跨越空间和时间流动的非完全同步性的情境，又是一种互动性强、无法完全被某个权力组织所设定的情境。换句话说，在宏观情境设定中，梅罗维茨的情境论提供了思路；在微观个体行为上，戈夫曼的情境设定又能做出解释。因此在网络时代，可以将信息流动产生的情境与个人定义的情境进行整合，提出新的情境视角，较好解释网络时代"人的行为到底受什么影响。"

二、风险建构理论

早在60多年前，社会学家伯格和拉克曼在《实在的社会建构》中提出，社会实在包括客观实在和主观实在两类。风险同样具有客观性与主观性。布拉伯德利区分了两种风险概念：强调自然属性的风险和作为社会概念的风险。[1] 一方面，自然属性的风险研究多以技术为导向，比如保险精算学、毒物学和流行病学、工程学等这些学科，从自然学科视角看待风险，以统计数据作为依据，计算风险发生的概率，单纯分析物质危害。最终目的在于通过减轻后果、设置标准和改进技术系统可靠性和安全性来实现风险共

---

① Bradbury. J A. The Policy Implications of Differing Concepts of Risk[J]. Science Technology & Human Values，1989，14(4)：380-399.

担和风险降低。① 这种技术视角受到了社会科学家的批评，认为自然科学把关将风险的讨论简化成了一场忽略人、没有对社会和文化意义加以考虑的讨论。这种利用数理知识冷静计算风险的概率以及降低风险物质危害（不考虑社会、文化等的伤害）的途径，虽然提高了结果在主体间的有效性，却以忽视风险的社会过程为代价。另一方面，社会概念的风险观认为人们所感知的风险是带上社会的、制度的或文化的眼镜所知觉的风险。其中，文化研究者称风险的本质在于可能会发生，其危害性是在赋予意义的过程中揭示出来的，而风险是在建构的过程中逐渐显现出来的。贝克同样认为："有必要将风险建构理解为一种生产特定不确定性的实践，这些不确定性可能在最广义的意义上对生活带来有害的后果。"②因此，风险研究的重点并不在于风险的客观性和存在性，而是风险如何被界定和建构的。虽然客观结果是风险社会处理中一个必要的部分，技术风险能帮助决策者估计预期物质的危害，提供相关实际损害的最佳知识，但是，正如学者韦伯所言，排除了社会权力和分配、科层制、普遍模式和理性化的讨论是没有意义且荒谬的。道格拉斯称"风险概念本身就是假设性和比喻性的……风险不是一个实体，它是一种思考的方式，一种有很强的人为色彩的创造物"。③ 正如她在《风险与文化》中的观点，现代社会的风险其实并没有增加，而仅仅是人们感知到的风险增加了，原因是一群有影响力的人士用一种强而有力的方式声称真实的风险增加了。正因为风险可以随意被社会界定和建构，那么风险由谁建构？为什么一些群体、机构组织有更大的能力去影响风险的定义？为何要这样建构风险？这些问题就变得尤为突出了。

风险建构实际上是一场有关意义争夺与书写的过程，背后隐藏着权力

---

① ［英］谢尔顿·克里姆斯基，多米尼克·戈尔丁. 风险的社会理论学说［M］. 徐元玲，孟毓焕，徐玲，等译. 北京：北京出版社，2005：66.

② ［英］芭芭拉·亚当，乌尔里希·贝克，约斯特·房·龙. 风险社会及其超越：社会学理论的关键议题［M］. 赵延东，马婴，等译. 北京：北京出版社，2005：5.

③ Douglas M, Wildavsky A. How Can We Know the Risks We Face? Why Risk Selection is a Social Process［J］. Risk Analysis, 2010, 2(2)：49-58.

的角逐。福柯指出，话语意味着权力，这种权力既可以表现为某种意味着禁止、阻碍、否定和压制的政治权力，同样可以表现为无处不在的、隐藏的、变动的、复数的、生产性的微观权力。换句话说，建构风险的话语是社会权力竞争的直接结果和表现。

在现代社会中，媒体成为风险的建构者。"充斥于风险社会的各种威胁的物质性/非物质性以及可见的/不可见性意味着所有关于它的知识都是媒体性的，都依赖于解释……所有的解释都是一个视角问题……风险的本体论并不保证哪种知识有特权。"①媒体的建构权力，一直以来受到法兰克福学派的批判。霍克海默和阿多诺对文化工业展开批判，认为媒体受到国家权力的控制，"广播系统虽说是私人企业，但它却代表着整个国家的主权……广播却是国家的喉舌"；② 马尔库塞把媒体当作制造"单向度的人"和大众文化的工具，起着统治和奴役人的社会功能；③ 哈贝马斯认为 19 世纪末随着经济的垄断和国家干预私人领域，国家与社会的分离消失，报刊的商业化使得传播内容越来越以市场为导向，既缺乏平等理性的交流，也缺少公共理性批判，新闻媒体成为宣传效果的工具。福柯把媒体话语看成微观权力。"权力制造知识；权力和知识是直接相互连带的；不相应地建构一种知识领域就不可能有权力关系，不同时预设和建构权力关系就不会有任何知识。"④媒体作为权力话语的主要生产者，自然影响到意识形态的建构。

布尔迪厄用"场域"的概念指出媒体生产是各种权力不断斗争与妥协的结果。媒体场因资本占有量较少，属于位置较低的较小场域，受限于高它一层的文化场，而文化场同时受到元场——社会场、经济场、政治场的制

---

　　① [英]芭芭拉·亚当，乌尔里希·贝克，约斯特·房·龙.风险社会及其超越：社会学理论的关键议题[M].赵延东，马婴，等译.北京出版社，2005：5.

　　② [德]马克斯·霍克海默，西奥多·阿道尔诺.启蒙辩证法[M].渠敬东，曹卫东，译.上海：上海人民出版社，2006：144.

　　③ Marcuse H. One-Dimensional Man：Studies in the Ideology of Advanced Industrial Society[M]. Boston，MA：Beacon，1964：23.

　　④ [法]米歇尔·福柯.规训与惩罚[M].刘北成，杨远婴，译.上海：上海三联书店，2003：29.

约。同时，媒体界也是一个独立的世界，有自己的场域和自身法则。媒体对风险的建构同时受到元场以及自身场域内部的制约。政治场域通过法律约束、机构辖制和利益集团影响等途径规范和限制大众媒体的发展；经济场域限制了新闻机构的自主化程度，被高度商业化侵蚀的西方媒体与市场竞争、商业利益密切纠葛；文化场域向大众传媒、教育系统、社会团体等施压，把统治所需的意识形态改造成社会普遍接受的"主流文化观"；媒体场域内也存在多元意识形态、价值观、商业诉求以及专业精神之间的冲突与碰撞……媒体建构风险的本质是媒体与权力的关系，形成公共舆论的传播机构成为社会权力的综合体，使得建构风险的博弈更为复杂。

三、心理学理论

虽然戈夫曼和梅罗维茨都没有明确在书中强调行动者的能动，但在关键概念中暗含了人与情境的互动是行动的助推器这一理念。比如戈夫曼对行动者展现"自我印象"这一行为作出如下解释："……他还必须知道他们在互动期间活动的实际效果或最终结果，以及他们心灵深处有关他们的真实情感……个体在心里这样说……如果他们意识到了正在被观察……"戈夫曼的情境理论从定义情境到行为之间就是一系列的心理活动，行为是受到个体心理因素支配的。戈夫曼的情境理论用来解释微观的人际传播，其中暗含的心理概念能给网络情境中的网民心理做出很好的解释。

梅罗维茨的情境理论更加宏大，但是他仍然承认信息解放和社会变迁中间存在一个变量——认知。比如他在描述电视和女权主义意识兴起的时候写道："电视暴露给女性许多男性话题（信息解放了妇女），如果看了很长时间电视新闻的女性在听到一位男性说'你对这样的事情一无所知'，她就会非常气愤（认知引发情绪），种下不满的种子（认知引发情绪）。而这些种子会以其他反叛的形式开花结果（行为）"。① 这种心理与宏观社会的认

---

① ［美］约书亚·梅罗维茨. 消失的地域［M］. 肖志军，译. 北京：清华大学出版社，2002：203.

知类似，如果获得的认知与既有认知不符，则容易爆发某些行为。

另外，人本心理学家马斯洛将人与外部环境紧密联系起来。他首先认为人是动物，具有"似本能"的本性；但人不是能够独立达到满足的，必须依赖外部社会环境才能使"似本能"的本性需求得到满足。这种"似本能"就是人的心理需求，是一种动机，导致人在外部环境中的行为并以此获取满足。

"需要理论"是马斯洛所强调的，知名的需求层次理论表明人是一种不断需求的动物，极少能够达到满足。当一个需求获得满足以后，另一个更高级的需求迅速出现。人总在不断希望什么，这是人的本性。

因此，按照马斯洛的理论，可以认为人的本性是充满欲望和需求的，这些需求是一直存在的，如果客观条件无法满足需求的达成，人们会压抑满足需求的行为。如果客观条件发生转变，需求变得容易满足，那么人们会马上行动起来以满足欲望。所以说，客观条件、心理需求与行为之间存在必然联系。媒体情境的更新正是客观条件的转变，这种转变会引发人们的行为以满足心理需求。所以，无论在哪个层面上，人的心理活动都是行动的助推器。

本书认为网民在线评论行为的发生取决于情境。网络情境是影响网民行为调性的直接原因，网民根据建构的风险信息获取风险认知，进行判断和在线评论行为；社会情境潜移默化地作用于网民心理，是网民进行在线评论行为的助推器；媒体情境的变化使网民更容易通过行动满足需求心理。当下，情境需要置于新的行动场域——社会化媒体的情境中重新考量。

第六节　研究价值

一、学术价值

第一，风险传播涉及政府/专家等精英方，更关系到公众的参与。网民在线评论影响风险政策的执行、公众的风险感知与风险行为。本书以网民在线评论行为为研究对象，并展开研究。本书试图对风险传播研究领域进行拓展，有效弥补该领域研究成果不足的现状，完善风险传播的双向模式，深化和创新风险社会的传播研究。

第二，本书采用社会塑造论视角，将社会化媒体视作网民在线评论行为得以展开的行动情境，将评论行为视作此情境中的实践，以情境理论为核心，建立建构—情境—心理—行为的研究路径，从微观、中观和宏观三个层面为风险传播中的网民在线评论行为提供新的理论解释。

第三，在线评论研究存在单一决定论偏向，即强调某一因素对在线评论行为的绝对影响。要么忽略受众的主体性，夸大媒体效果，认为信息的某一特征对行为有强大影响力；要么推崇受众的主观能动性，将其行为的发生原因与现实环境相剥离。本书引入新的理论视角解释网民在线评论行为，认为行为产生是人与情境交互的结果。情境对人具有制约性，又赋予主体以主动性，并将情境理论应用到中观、宏观层次，扩展了在线评论行为的理论解释。

同时，在以情境理论作为理论切入点验证网民在线评论行为的时候，既受到所在网络情境的信息的影响，也受到现实情境的结构化因素的影响，但他们仍然能够理解所在情境的意义，成为自主性行动者，为呈现理想形象而作出能动反应。因此，本书涉及社会科学中一个重要的命题——结构与能动性的关系。网民一方面受制于社会化媒体所创造的情境，另一方面也以自身的行动重塑社会化媒体的情境。

第四，推进网民在线评论行为的研究朝着"中层理论"范式前进。长期以来，网民行为的研究以心理学范式为指导，微观解释影响行为的因素。默顿于20世纪50年代提出了中层功能分析理论，这是一种介于抽象性理论同具体经验命题之间的理论，虽然有一定的抽象性，但更接近于构成可验证命题的观察资料。本书立足于情境理论这一特定理论框架，解释不同研究方法获得的经验调查结论，从而体现中层理论的思路。

二、应用价值

除了理论价值以外，本书也希望对理解现实以及风险传播实践有所裨益。

第一，探索现阶段我国网民在线评论特征，肯定良性风险传播展开的可能性。有学者认为，制度内参与的有效供应与建设不足，同转型期社会群体积累的"无名怨愤"叠加，加速了网民"群氓化"与激进性的特点，并且参与方式以极端化和娱乐化为特征（孙卫华，2016），带有民主协商特质的风险传播难以成为现实。但是，随着网民的逐渐成熟，以及网民结构的变更，网民的表达参与凸显了理性的一面，在线评论兼具理性和感性属性，既有哈贝马斯的协商民主，也有墨菲和拉克劳的激进民主，这种民主式参与使得良性风险传播成为可能。

第二，本书的数据结论对于思考风险传播与规范网民在线评论策略有一定的参考价值。目前网民在线评论呈现少理性、多对抗的特征，是风险议题传播和风险政策实施难以回避的现实课题，只有对网民传播行为的发生逻辑有了科学认知的基础，才能找寻有效应对的关键环节。本书涉及影响行为发生的具体网络情境、中观的媒体情境和宏观的社会情境三个层次，构成了一个整体预测因素，有助于制定合理有效的风险传播政策以及风险危机发生时的舆论引导策略，提高对网络舆论引导和风险社会治理的有效性。

本章小结

本章介绍了写作的背景、意义和价值，并对本书中的在线评论进行了界定，即以网络终端为载体，对新闻网站或者在线信息服务平台发布的新闻信息，以及其他用户发布的信息发表意见的行为。意见包括文字、图片及平台所提供的任意表达方式。同时对在线评论的现有研究从内容特点、行为动因、效果、功能以及治理五大方面进行了梳理，认为动因研究更加偏向于微观研究，忽略了中观和宏观的因素。最后结合情境理论、风险建构理论以及心理学理论，提出了本书对在线评论行为发生机制的研究路径。

第二章
在线评论行为的现状研究

风险沟通是信息的双向交流的过程。除了政府与专家的风险信息传播，公众参与同样是不可或缺的一环。网民在线评论行为作为最普遍和频繁的网民参与行为之一，不仅影响网络受众的情绪、风险感知、风险态度与风险行为，有时候还会波及风险政策的传达与执行。本章基于数据挖掘与内容分析，尝试研究重大风险事件下网民在线评论的现状。主要包括在线评论行为发生的频率以及表现出的特征。

第一节　普遍与递增：在线评论行为的发生

技术革命引领舆论生成评论的发展，在线评论发生于我国各个社会化媒体平台中，如微信、微博、聚合新闻客户端。其中，微信以现实人际关系为基础，私密性较强，且现阶段以精选形式出现，并不能客观反映风险沟通中的网民诉求。微博作为公开的信息平台与公共话语平台，面对突发性重大事件时的快速反应功能和开放传播功能难以被替代；2015年"8.12天津滨海新区爆炸事故"发生一周内，新浪平台"天津塘沽大爆炸""天津港爆炸事故"两个微话题的阅读量高达42亿人次，且微博平台上的数据实时更新，提供博主身份信息(ID、头像、是否认证会员、会员等级、粉丝数、微博数量)、微博内容、发布微博时间、微博影响力(在线评论量、点赞数、转发量)、在线评论内容、评论者身份等。这些数据清楚描述出在线评论在时间、博主类别上的分布特征。因此，可以新浪微博为对象，考察风险议题中的在线评论。

本书选取 2013—2017 年作为研究样本的时间跨度。原因在于 2013 年我国移动互联网迈入新纪元，技术的革新改变了互联网格局。这段时间社会化媒体场域上的舆论场完成了从论坛、博客到微博、微信的平台更替，互联网领域的管理模式和产业的结构化同时发生变化，网络行动在多个维度上完成了历史性的变化。在平台选择方面，本书以微博作为社会化媒体场域的代表，主要原因是中国移动舆论场逐渐成为社会舆论生成、发酵的主要阵地。人民网舆情监测室对 2018 年 500 件社会热点事件的统计发现，44.4%的事件由互联网渠道披露并引发公众关注，明确源发于"两微一端"（微博、微信、客户端）的有 64 件，占 12.8%。①

一、评论数据的收集与分析

首先使用 Python 软件编程，自动爬取相关数据。因为数据量巨大，选取了四个在重大风险事件中活跃的微博账号——"@人民日报""@头条新闻""@陈士渠""@公安部打四黑除四害"，分别对应的是中央媒体、商业媒体、大 V②以及政府。在时间上，爬取四个账号 2013—2017 年连续五年的数据，以便纵向比较，每年爬取 1000 条左右。③ 随后，基于关键词，使用文本挖掘的方法筛选出与重大风险议题有关的微博内容。首先进行文本分词，采用主流最大匹配算法的辞典分词法，调用基于 Python 的 Pymmseg 分词器对爬下的文本进行分词。本书保留有实际意义的实词，去掉虚词，最终筛选出与重大风险事件相关的微博。除此之外，依然使用人工对筛选的微博进行监测，保证数据的信度。最终，获得有效微博 30490 条。年份分布与账号分布如表 2-1、表 2-2 所示。

① 祝华新. 践行网上群众路线，畅通党心民意快车道[OL]. 人民网.
② 编者注：大 V 是指在新浪微博、腾讯微博、网易微博等平台上获得个人认证、拥有众多粉丝的用户。
③ 爬取时间为 2017 年 9 月，因此 2017 年的爬取量少于其他年份。

表 2-1 按账号类别数据分类

账号	频率	百分比
@陈士渠	7635	25
@公安部打四黑除四害	7653	25.1
@人民日报	7676	25.2
@头条新闻	7526	24.7
合计	30490	100

表 2-2 按年份数据分类

账号	频率	百分比
2013	6456	21.2
2014	6417	21.0
2015	6428	21.1
2016	6428	21.1
2017	4761	15.6
合计	30490	100

二、评论行为普遍存在且逐年递增

1. 在线评论行为的频次

在线评论行为包括撰写评论、转发与点赞三种形式。表 2-3 显示了在线评论行为的频次，可以发现在线评论行为是一种普遍存在的行为。四个账号平均每一条新闻下的在线评论数达到 512.6 条（M = 512.6，SD = 1991.2），转发量平均为 1031.4 次（M = 1031.4，SD = 2911.4），平均点赞数为 1098.6（M = 1098.6，SD = 5019.5）。这表明与撰写和转发相比，网民更倾向于花费成本低、风险低的在线评论方式。点赞既不暴露身份，又易于操作，成为人们最常使用的在线评论方式。另外，微博下的评论量差异巨大。有的微博获得近 17 万的转发量，近 18 万的在线评论量，以及超过 18 万的点赞数；而有的微博却无人回应(也有部分微博关闭了在线评论功能)。

表 2-3　微博下在线评论行为的描述统计

	平均数	标准差	极小值	极大值	N
转发	1031.4	2911.4	0	168360	30490
在线评论	512.6	1991.2	0	177221	30490
赞	1098.6	5019.5	0	184840	30490

2. 账号间的在线评论差异

本书选取"@人民日报""@头条新闻""@公安部打四黑除四害"以及"@陈士渠"四个账号获取数据。为探究账号类别间是否存在评论差异，对数据进行方差分析。自变量为账号类别(@陈士渠=1，@公安部=2，@人民日报=3，@头条新闻=4)，因变量为在线评论数、转发量与点赞数的数值变量。

表 2-4　账号与在线评论、转发与点赞量的方差分析

在线评论行为	@陈士渠	@公安部	@人民日报	@头条新闻	健壮性检验
在线评论数	44.9	148.2	971.5	889.2	471.3***
转发数	135.2	419.0	2669.0	893.3	1328.1***
点赞量	73.5	198.2	3032.2	1081.9	603.3***

注：*** 表示 $p < 0.001$

数据结果显示，账号无论是在评论数、转发数和点赞量上均存在显著差异。进一步使用 Game-Howell post-hoc 进行事后检验发现，"@人民日报"作为权威官方媒体，在自媒体上有极强的号召力，在线评论数(M =

971.5）、转发数（M=2669.0）和点赞量（M=3032.2）显著高于其他三个账号，说明在风险事件发生后，人们最关心权威媒体的报道和态度，并认为权威媒体反映了政府的态度，是与政府对话的桥梁，试图通过其平台与政府进行沟通，表达意见。"@头条新闻"作为商业媒体账号，其粉丝数与"@人民日报"持平，但是转发数（M=893.3）显著低于"@人民日报"，人们可能并未认可商业媒体，权威性不及中央媒体，但其在线评论数（M=889.2）与"@人民日报"持平，网民也愿意在商业媒体上发表意见。"@陈士渠"作为大 V 的个人账号，其在线评论数（M=44.9）、转发数（M=135.2）以及点赞量（M=73.5）显著低于其他三个账号，但转发数差距最小，说明大 V 作为意见领袖依然被网民所认可。"@公安部"作为政府账号，其在线评论数（M=148.2）、转发数（M=419.0）和点赞量（M=198.2）显著低于媒体账号，高于大 V 账号，但其粉丝数远远高于大 V 账号，说明政府账号在新媒体上的影响力依然有待加强。

3. 不同年份的在线评论差异

那么，随着时间的推移，人们的在线评论行为是否变得更加频繁呢？接下来以年份（2013—2017）为自变量，继续对数据进行方差分析。因变量还是在线评论数、转发量与点赞数的数值变量。表 2-5 为年份与在线评论、转发与点赞量方差分析。

表 2-5　年份与在线评论、转发与点赞量方差分析

在线评论行为	2013	2014	2015	2016	2017	健壮性检验
在线评论数	363.6	407.7	396.4	613.2	876.4	60.0***
转发数	959.6	996.9	1002.4	1015.5	1236.3	7.0***
点赞量	144.4	528.8	821.5	1702.9	2718.7	206.0***

注：*** 表示 $p<0.001$

图 2-1 更清晰地显示了在线评论行为在时间上的变化。数据显示，不

同时间段的在线评论行为有显著差异。进一步使用 Game-Howell post-hoc 进行事后检验发现，2017 年是一个转折点，转发数（M = 1236.3）、在线评论数（M = 876.4）和点赞量（M = 2718.7）显著高于其他年份。在评论数上，2016 年（M = 613.2）显著高于前三年。点赞数量上，五个年份均呈现显著差异，2013 年（M = 144.4）、2014 年（M = 528.8）、2015 年（M = 821.5）、2016 年（M = 1702.9）、2017 年（M = 2718.7）依次攀升。在评论数上，2013 年（M = 363.3）、2014 年（M = 407.7）和 2015 年（M = 396.4）并无显著差异。因此，在线评论行为随着时间的推移逐渐成为常态行为，转发数以 2017 年为转折，显著高于其他年份，评论数以 2016 年为转折，显著不同于前三年，点赞数则每年显著递增。

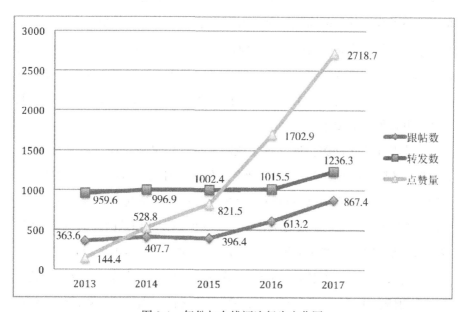

图 2-1　年份与在线评论行为变化图

因此，风险议题下存在普遍的在线评论行为，行为发生频率逐年递增，成为网民常态表达行为。

第二节　理性与情感：在线评论的特征

那么，现阶段我国风险议题下的网民在线评论呈现何种特征呢？面对风险事件新闻，网民青睐的在线评论又有哪些共性呢？本节通过实证研究分析风险议题下网民在线评论呈现的共同特征。

一、评论特征的开放编码

一般而言，热门评论位于评论区前方，多受到网民的推崇和认可。风险议题下热门评论的共性特征从侧面代表网民的风险传播逻辑。学界对热门评论共性特征的研究寥若晨星，部分研究聚焦于新闻要素与在线评论数量。研究发现，新闻的客观要素与内容要素决定了在线评论量的多少。客观要素中，新闻中是否有插图、版面位置与发布的时间等因素均影响在线评论的数量。内容要素更加复杂，如主题、调性、新颖程度等均与在线评论数量相关。基于此，本书首先采取扎根理论方法进行开放编码，获取热门评论共通的内容要素。

首先基于人民网舆情库对重大风险事件的定义和排序，抽取"@人民日报"微博账号发布的5大领域（社会、外交、环境、科技、公共卫生）的风险新闻各一篇，选取其下热门评论区所有在线评论共102篇。编码员以102条热门评论为样本，反复阅读，不带任何预设和偏见的逐词编码（逐词编码适合整理档案文件或者网络数据）。在提取54个本土概念后，进入聚焦编码阶段，通过不断比较、归纳，最终提取9个共性特征，分别是攻击性、实用性、质疑性、争议性、意外性、简化性、幽默性、戏谑性、消极性。如表2-6所示。

开放性编码只能提供内容要素的共性，不包含客观要素。通过分析发现，发表时间是决定其是否成为热门内容的重要依据。发表得越早的在线评论，获得他人阅读的概率越高。

综上，假设攻击性、实用性、质疑性、争议性、意外性、简化性、幽默性、戏谑性、消极性以及发布早是热门评论的共性特征。

二、统计检验与结果

随后通过二元逻辑回归检验以上 10 个共性特征在统计上是否成立。抽取"@人民日报"和"@新浪娱乐"于 2014—2015 年发布的风险新闻 8 篇，①选取每篇新闻下 20 个热门评论以及 20 个非热门评论共 320 条在线评论作为样本。因热门评论数量相对较少，按排列顺序抽前 20 名；非热门评论因数量较多，按排列顺序，从第一条到最后一条系统抽样，共抽出 20 条。

自变量设为 9 个特征（编码表见表 2-6）以及发布时间早晚，因变量是该在线评论为热门还是非热门。依据 Papacharissi(2004)提供的流程展开编码：首先建立特征编码表（根据开放编码结果），其次依据编码表判断在线评论是否具有此特征，使用二分判定（包含=1，不包含=0）。② 因为是探索性研究，并不对强度进行更细致的编码。编码员间信度使用 Krippendorff's α 测量。

表 2-6 变量编码表以及出现频率

因素	操作性定义	频率	α
攻击性	使用贬低或者辱骂性语言对某个目标(政府、媒体、新闻人物或其他网民)进行语言攻击	35.5%	0.82
实用性	提供客观有用信息或确认事实，类似某方面的专家或知道内幕者	13.3%	0.91

① 风险新闻选取依据丁烈云等在《中国转型期的社会风险及公共危机管理研究》一书中提出的 10 大风险：就业风险、环境风险、经济风险、三农风险、阶层风险、征地风险、价值风险、腐败风险、信息风险与国际风险。其中将价值风险与阶层风险合并，三农风险与征地风险合并，加上娱乐风险，共抽出 8 条。

② Papacharissi Z. Democracy Online：Civility, Politeness, and the Democratic Potential of Online Political Discussion Groups[J]. New Media & Society, 2004, 6(2)：259-283.

续表

因素	操作性定义	频率	α
质疑性	对新闻中的细节观点或者根据推理不合理的地方、错误信息提出疑问	13.3%	0.87
争议性	引起争议的发言。争议的范围较广，比如地域歧视、刻板印象、以偏概全、无理要求等	6.1%	0.92
意外性	从另一个角度解读新闻事件，或提供没有在文章中出现或有直接联系的观点	4.8%	0.89
简化性	认定事件发生完全由某一个因素引起而忽略复杂或其他原因，发言者可能没有认真读完新闻或进行合理思考	3.3%	0.82
幽默性	文字幽默，类似逗人发笑的笑话	9.8%	0.96
戏谑性	用比喻、夸张、反语等手法对某个人、现象、事件等进行批评或者嘲笑	34.8%	0.94
消极性	含有消极词语，基调悲观而又消极的在线评论	1.5%	0.91
时间	1个小时之内为发布及时，其他为发布不及时	/	1

对320条样本包含的特征进行统计，发现频率最高的是攻击性（35.5%）与戏谑性（34.8%）；其次是实用性（13.3%）、质疑性（13.3%）与幽默性（9.8%）；再次是争议性（6.1%）、意外性（4.8%）与简化性（3.3%）；最后是消极性（1.5%）。热门评论中要素的频率分别为攻击性（35.5%）、戏谑性（51.2%）、实用性（18.6%）、质疑性（22.7%）、幽默性（15.1%）、争议性（8.7%）、意外性（7%）、简化性（5.2%）与消极性（1.7%）；非热门评论则为攻击性（35.4%）、戏谑性（17.1%）、实用性（7.6%）、质疑性（2.5%）与幽默性（3.8%）、争议性（3.2%）、意外性（2.5%）、简化性（1.3%）与消极性（1.3%），相关数据如图2-2所示。可以发现，非热门评论与热门评论在实用性、质疑性、戏谑性等变量上出现明显的区别。

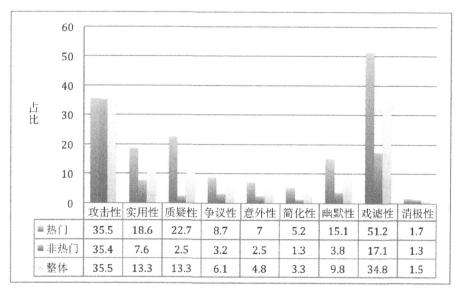

	攻击性	实用性	质疑性	争议性	意外性	简化性	幽默性	戏谑性	消极性
热门	35.5	18.6	22.7	8.7	7	5.2	15.1	51.2	1.7
非热门	35.4	7.6	2.5	3.2	2.5	1.3	3.8	17.1	1.3
整体	35.5	13.3	13.3	6.1	4.8	3.3	9.8	34.8	1.5

图 2-2　热门/非热门/整体在线评论要素占比

二项逻辑回归检验结果如表 2-7 所示。从数据结果来看，7 个特征显著影响一条在线评论成为热门评论的概率：发布时间，以及是否带有质疑性、戏谑性、实用性、争议性、简化性、攻击性特征。意外性、幽默性以及消极性则不显著。

表 2-7　二项逻辑回归系数进行预测（按重要性排序）

逻辑斯特回归模型		
主要影响（是否影响在线评论成为热门的概率）		
自变量	*B*	*OR*
发布时间	4.802***	121.799
质疑性	2.891***	18.018
戏谑	2.858***	17.426
实用性	2.796***	16.384

续表

逻辑斯特回归模型		
主要影响(是否影响在线评论成为热门的概率)		
自变量	B	OR
争议性	2.672**	14.464
简化论	2.323**	10.207
攻击性	1.274***	3.575
消极	0.915	2.497
幽默性	0.839	2.314
意料外	0.500	1.649
常量	-6.296**	0.002
样本量:	320	
R_2(Cox & Snell)	0.482	
R_2(Nagelkerke)	0.642	
χ_2(Model)	216.767***	

注:* 表示 p <0.05;** 表示 p <0.01;*** 表示 p <0.001

三、理性与情绪并存的在线评论

根据以上数据,面对风险事件的相关新闻,可以发现网民在线评论具有以下特征:

第一,在风险传播中,网民提供理性的观点与信息,并非仅有情绪化的对抗解读。拥有实用性与意外性特征的在线评论在热门评论中占比为13.3%和4.4%,并且影响其成为热门评论的概率。风险解释和定义是知识性的,网民会从自身专业角度提供风险相关知识,有时是对新闻提供知识的反驳,有时是对新闻提供知识的补充与肯定。风险事件发生之后,这些民众提供的信息也能帮助新闻进行解释,纠正错误观点。比如一则新闻报道:日本核辐射后,俄罗斯海关因日本电动汽车辐射超标限制其入关,中国网民因此担忧我国日系汽车的核辐射风险。对这则新闻下的评论抽出的样本中，热度最高的一条在线评论写道："国内日系汽车基本本土化，不存在日本生产的问题，进口汽车多为德系品牌。"这条评论提供的理性信息可以降低网友的焦虑，补充新闻的不足，解答网友的疑问。陈力丹指出，传媒界与科学界的不同话语体系，使得媒体在报道与科学相关的事件时，难以进入事物的内部，使用不同领域的专业语言，而是不自觉地使用人文逻辑解决科学问题。因此，具有科学素养的网友的在线评论可以提供专业的信息，弥补不足。民间团体与个人在内的多主题、开放互动的科学传播系统正在公众当中发挥越来越重要的作用。

第二，对主流媒体信息存在不信任。面对风险信息，网民有时会"质疑"信息的准确性与动机。公民对风险管理机构存在的不信任，已经成为当下风险传播过程中难以解决的痛点。政府有限的能力有时无法满足全体公民的所有期待，会造成公民期望与现实能力之间的反差，导致部分公民对政府的信任出现裂痕。这种质疑就如投入水中的石子，吸引了网民的关注，引发了各种角度的思考，最终在网民的互动中，"质疑"信息被顶到了最前面，成为网民议程。然而，笔者却很少在评论中看到主流媒体对网民提出的质疑进行回复。

第三，面对风险信息，网民的风险信息解读存在刻板印象。争议性（6.1%）与简化性（3.3%）也占到热门评论中的近10%，说明网民面对风险信息时容易情感先行，导致对信息的不充分阅读，并且有过多的主观解读，往往容易以偏概全，降低风险传播的效率。比如样本中"@人民日报"在一篇关于转基因的新闻中解释中国批准转基因的产品只有木瓜和棉花，确保安全才能上市，而下面的一篇热评却批评道："到了中国什么都不安全，不知道昨天吃的大米有没有问题"，可见该网友并没有认真读完新闻，仅仅凭"转基因"这个敏感风险词汇便作出反应。当然，这个评论也被其他网友纠正道："文章没看完就乱评论，新闻中明明说了只有木瓜和棉花，不涉及大米。"这要求媒体在发布风险信息的时候需要将重点的内容、容易引起争议的内容放置于前文，以免造成误解。

第四，在线评论的噪音较多，不利于良性风险传播的形成。网络提供了网民表达与参与的场所和权力，但表达的内容才能给风险传播提供有效信息。有学者认为表达必须紧扣主题，太多的噪音并不利于民主。哈贝马斯认为公共领域中的讨论是充满道德、理性的。网络成为公共领域的前提是网络辩论必须带有批评性和理性。健康民主的讨论要求参与者努力去理解他人的意见，能够容忍多元意见。的确，如前文所述，热评中多元的发言对挖掘真相、提供信息有一定价值。但是，情绪化以及非理性的热评占比更大，特别是一些涉及与政府责任相关风险事件的帖子，评论区充满了情绪激动的网民，面对风险，他们容易失去理性，将风险原因简单化，按照刻板影响武断的分析风险，这可能导致"沉默螺旋"的出现，理性的声音越来越少，整个评论区成为一种非理性的、充满攻击且论调单一的意见空间，这显然不是对话沟通的方式。因为公共领域的精神应该是宽容的，能够容纳多种声音的。

上述研究结果指出，热评中的三分之一都带有"攻击性"，并非健康、道德的。匿名使得隐藏在键盘背后的网民可以随意地发泄情绪。骂战横行的评论区不仅使得新闻工作者无心踏足此地，也会浇灭网民的讨论兴趣。Nielsen(2012)发现，记者们并不认为应该对任何人都开放评论并且不喜欢具有攻击性的评论。① 有些新闻工作者认为某些评论带有攻击性，这成为他们不阅读评论的主要原因。除此之外，网民也备感失望，热评中有网友说道："评论区是什么？就是一个让大家畅所欲言，观点不同可以讨论，讨论不通也能保留意见的地方，但总有一些人以自我为中心，总觉得自己说的就是真理，听不得别人的不同意见，说服不了别人就开始谩骂，搞得评论区整体氛围非常糟糕。"评论区如果想要成为民众与政府/专家沟通风险的平台，那么表达公共利益的方式必须是有道德且理性的。

第五，风险传播中的在线评论同时具有泛娱乐化特点。一半以上的热

---

① Nielsen C. Newspaper Journalists Support Online Comments [J]. Newspaper Research Journal, 2012, 33(1)：86-100.

门评论带有"戏谑"特征，说明娱乐化成为常态表达，表演优于说理。它是网民由于在现实政治参与渠道不畅引发的情绪表达，也是消费社会的娱乐环境和网络主题的非理性使然。娱乐化有助于消解政治权威，促成多元的文化包容的政治文化氛围，但也需警惕政治犬儒主义的盛行。

本书作为探索性研究存在一些不足与局限，未来研究的目标包括四点。第一，开放性编码的样本量较少，挖掘的共性特征的全面性仍需考察，未来应扩大样本量并且加入质化访谈。第二，由于样本获取稍早，客观变量上只考虑了时间变量。如今跟帖加入了图片、视频等多媒体编辑技术，今后的研究中应包含更多元的客观要素。第三，跟帖研究仍然局限于新闻与跟帖间，风险传播强调多元主体共同参与，并非政府—公众二元主体，当下微博的改版使跟帖之间的互动多样且耐人寻味，其中的规律值得进一步探讨。第四，未来特征定义可以更精细，选择个案深入研究，使用程度量表代替二分量表，建立多维度特征结构，更深入细致地挖掘公众传播。

综上所述，从实证分析可以看出，面对风险信息网民在线评论呈现两大特征，理性实用性与非理性对抗各有所持，构成了理性与非理性的对立。一方面理性实用、有贡献性的在线评论信息创造了一个理性且关心的、解决风险问题的政府与民众共同合作的环境协商环境；另一方面缺少理性思考、情感优先的在线评论信息呈现舍勒提出的典型的"怨恨式批评"，即缺少道德评判标准、不分青红皂白的攻击与对抗。这种在线评论既不利于风险政策的双向沟通，更可能加剧现实社会与虚拟世界情绪的互相激荡，使得埋怨与不满成为社会情绪的主色调，风险共识无法达成，陷入必然的沟通败局，最终影响我国的整个社会的稳定与经济的发展。因此，探究现阶段网民在线评论行为的机制并进行主动且有效的信息规制显得尤为重要。

本 章 小 结

本章对在线评论进行了界定，描述了当下中国在线评论的现状。通过对 3 万多条风险新闻下的在线评论描述统计发现，在线评论是一种常态网民表达行为，并且行为发生逐年递增。接着，考察风险传播中网民在线热评的共性特征，先对 102 条热门评论进行开放式编码，获得 10 个共性特征，再以"@人民日报"及"@新浪娱乐"微博上 320 条在线评论为样本进行统计检验。笔者发现具有攻击性、实用性、质疑性、简化性、戏谑性的在线评论容易成为热门，具有意外性、幽默性以及消极性的在线评论不影响其成为热门评论的概率。结果表明，网民风险传播带有合作理性、不信任、刻板性、群氓性与娱乐性特征，理性与非理性交织，理性与情感并存。这促使人们不得不思考为什么呈现此种趋势与特征，即重大风险事件中在线评论行为的发生机制是什么？接下来的章节将围绕这一问题展开研究。

第三章
影响在线评论行为的网络情境

　　本章研究微观层面具体的网络情境如何影响在线评论行为。戈夫曼和梅罗维茨的情境理论从社会学的角度给行为研究提供了很好的理论视角，该理论指出信息形成的情境是影响主体行为的关键。据此，在线评论行为的发生与社交媒体独有的风险传播情境必然存在联系。

　　风险在建构的过程中被逐渐揭示出来，风险意义建构的是影响在线评论行为最直接的一环。社交媒体释放了风险建构的权力，风险事件一旦发生，除了政府、专家、主流媒体等传统的风险建构者以外，民间专家、意见领袖、普通网民等民间力量通过网络同样成为风险的建构者。但新媒体的出现并不意味着所有人有着相同的对风险进行定义的能力，各主体在情境中的影响力和建构方式各不相同。网络情境中的风险建构者大致可以分为两种：发帖者与评论者。他们分别形成了各自的场域，共同组成了网络情境。

　　发帖者是最重要的风险建构者，他们通过议程设置、框架等策略性建构方式影响风险的意义，评论者更多通过对发帖者信息撰写评论、点赞、转发等方式参与风险建构，量小力微的个体评论者结成群体，阻碍、扩散或者延续着发帖者的成果。在线评论行为的发生是情境中两类场交互后作用于网民的结果。

　　本章将分为四个小节，第一小节分析网络情境的组成；第二小节考察发帖者建构场内的话语实践；第三小节划分评论者意见场类型；第四小节以展演与从众心理理论为框架，实证验证处于同一情境的两类场如何作用影响网民在线评论行为。

第一节　网络情境：发帖场与评论场的并存

刘建明将舆论场定义为包括若干互相刺激的因素，使许多人形成共同意见的时空环境。① 借用"场"的概念，将发帖者以及其携带的信息组成的意见时空称为发帖者建构场（简称发帖场），评论群体形成的意见空间称为评论者意见场（简称评论场）。心理学家勒温提出的心理场概念，认为人的任何一种行为都是场的产物。他认为个人的一切行为都随着个体和场的变化而变化，在不同的场中，个人的心理环境会发生变化，从而引发不同的行为。根据这一假设判定，同一个人处于不同的评论场内，可能产生不同的在线评论行为。因此，网络情境中网民的在线评论行为是发帖场与评论场叠加后的结果。

一、风险沟通中发帖场的影响力

早期传播学者视大众传媒为最重要的风险建构者，常借助分析传统媒体的议程设置、框架、话语、信息来源等来考察媒体如何影响风险建构，以媒体的话语政治推断社会权力关系的分布以及社会场域内依附传媒的意识形态之间共生、冲突的关系与过程。比如曾繁旭等的《框架争夺、共鸣与评判：议题的媒体报道分析》一文中，通过分析《人民日报》《南方都市报》和《科技日报》对 PM2.5 的议题报道焦点分布、信源引用差异以及框架偏向，考察意识形态、商业利益与专业主义上秉持不同立场的媒体之间风险建构过程中的框架争夺、共鸣与评判现象。② 李艳红（2016）以《南方都市报》和《新快报》的"番禺反垃圾焚烧发电厂事件"相关报道为例，一方面发现大众传媒不仅为民众的经验理性开放了表达空间，另一方面成为能动的制度理性的阐述者，扩大了风险定义的空间，培育和促进了社会理

---

① 刘建明. 社会舆论原理[M]. 北京：华夏出版社，2002：36.
② 曾繁旭，戴佳，郑婕. 框架争夺、共鸣与扩散：PM2.5 议题的媒体报道分析[J]. 国际新闻界，2013(8)：96-108.

性的演进。① 在这个阶段，政府、专家或者民众的建构作用通过大众媒体的报道偏向与信源引用得以呈现，而其并非直接的风险建构者。

随着互联网技术不断发展，风险建构舞台转移到互联网平台上，政府与网民通过网络积极参与风险议题的讨论，成为风险的直接建构者。研究者也将他们纳入研究范围，这类研究大多辨识每类行动者提出的"框架"，分析行动者基于现实利益、生活经验、知识结构、价值与意识形态立场表现某种框架偏向，将事件置于特定的意义范围，将风险事件纳入社会性话语的阐释领域，与其他政治和社会议题一并被赋予复杂的文化、政治和意识形态意义。余红等人通过分析2016年"山东疫苗事件"事发两周内新浪微博的相关文本，将公众、媒体、政府、专家与企业设定为风险建构的主体，发现媒体仍然是风险最重要的建构者，但社交媒体实现了对公众的赋权。②

大量研究证明，建构场内策略性的建构信息会影响受众的风险行为。霍尔顿等以肥胖风险议题为主，对新闻报道以及其在线评论进行内容分析，发现建构者使用主题式框架时，受众会降低健康风险感知，而片段式报道会引得阅读者更多地分享个人经验。③ 心理学家勒纳和凯尔特的研究验证了同一风险事件的不同风险表述会激起恐惧和愤怒两种不同情绪，被激起恐怖情绪的受众表达出悲观的风险评估和逃避风险的行为，而被激起愤怒的受众则表达了乐观的风险评估和寻找风险的行为。④

二、风险沟通中评论场的传染力

与发帖者的主动出击不同，一般评论者并不拥有强大的定义风险的能

①　李艳红. 大众传媒、社会表达与商议民主——两个个案分析[J]. 开放时代，2006(6)：5-21.

②　余红，马旭. 社交媒体语境下风险议题的建构与转向——以山东问题疫苗事件为例[J]. 情报杂志，2017，36(3)：79-85.

③　Holton A, Lee N, Coleman R. Commenting on Health：A Framing Analysis of User Comments in Response to Health Articles Online [J]. Journal of Health Communication，2014，19(7)：825-837.

④　Lerner J S, Keltner D. Fear, Anger, and Risk[J]. Journal of Personality & Social Psychology，2001，81(1)：146-59.

力。他们常常被称作"吃瓜群众"或者"围观群众"。① 遇到突发事件，他们忙着排队跟帖，"点赞刷屏"，网络舆论的影响也有每一个"吃瓜群众""盖楼"刷屏的"功劳"。一些正向的舆论具有积极的作用，但有时候缺少专业知识的网络围观者也经常传播谣言，让舆论更难以引导。

"围观群众"这一称呼暗示在情境中，评论者并非主角，他们是围绕在建构者周围的观看者。他们通过对发帖者信息的评论、转发等方式参与风险建构。量小力微的个体评论者通过结成群体扩散、抵消和延续发帖者的成果。评论者们只需要动动手指、轻点鼠标便可以轻松参与风险建构。这种低成本的行动很难单独带来改变，但群体行为形成的群体效应则会改变已经建构的事实。

研究者已经证明评论场效应的存在。他们发现如果评论场意见气候是负面的，那么这些负面信息如"模型"般使跟帖区的负面文字变得可接受并且合法化。有研究者通过实验发现博客下的攻击性留言导致匿名被试的留言有更强的语言暴力倾向，起着社会模型的作用，暴露在文明评论下的被试与暴露在暴力在线评论下的被试相比，不仅能撰写出更温和的在线评论，也能表现出更愿意参与讨论并为之提供更广泛观点的意愿。②

三、发帖场与评论场的平行关系

研究者分别考察了发帖场与评论场对受众风险行为的影响，但却忽略了两者经常出现在同一情境、共同影响行为这一现实。发帖者的"建构场"与评论者形成的"意见场"的关系决定情境建构中两者的权重与影响力。那么，发帖场与评论场是从属关系还是平行关系呢？这可以从"反公众"这一概念获取思路。

"反公众"(counterpublic)由费勒斯基(Felski，1992)在 20 世纪 80 年代

---

① 编者注："吃瓜群众"是一个网络用语，指在网络论坛中，人们发帖讨论问题，后面排队跟帖，不着边际地闲扯的人。

② Han S H, Brazeal L A M. Playing. Nice：Modeling Civility in Online Political Discussions[J]. Communication Research Reports，2015，32(1)：20-28.

的女性主义研究中提出。费拉斯(Freser)在《重新思考公共领域》一文中对其进行定义。哈贝马斯曾暗示一个大公共领域可能包括多个小公共领域，费拉斯认为多元公共领域的建立更有利于参与民主的发展，她指出在分层社会中，底层话语或者抗争话语的聚合形成"次反公众"(subaltern counterpublics)。① "次反公众"是与主流话语平行的话语竞技场，通过反对主流话语的抗争话语扩大了话语争论，在此过程中进行身份、兴趣与诉求确认，是对无处不在的占据统治地位的公共空间的对抗，目的在于重建民主社会秩序，扩展话语空间，部分抵消社会主流群体不公平的参与特权。在这个公共领域，特殊群体能够拥有自己的话语特权，并且保证他们的知识理念能够被继续推行。另外，反公众拓宽的话语空间有利于民主政治。反公众话语与更大范围受众的接触构成反公众性(counterpublicity)，接触目的在于动摇占主流公众的意识形态霸权，是反公众向外扩张寻求更广大公众的形式。有学者提出"代替性媒体依存理论"，指出在商业与政治的合谋下，公众无法从主流媒体获取信息的时候，会竭尽全力地寻求某种代替性的媒体渠道，以此来填补信息失调下的认同间隙，这个代替性的媒体角色往往由反公众扮演。

网络为反公众的壮大提供空间。第一，论坛、在线评论、在线视频等网络平台为反公众提供实践空间，比如 Aotearoa Café 为被新西兰官方主流公共空间忽略的毛利人提供在线讨论民族精神、语言、民俗、传统与权力声明的空间。② 第二，反公众通过网络容易建立联系，形成更加强大有效的反公众话语。其中最为著名的案例是萨帕塔主义者们使用邮件列表与网站，绕开官方的媒体封锁，动员全球的支持者们共同发声，从舆论上防止墨西哥政府的大规模镇压运动。第三，网络使得反公众话语被更多公众所

① Fraser N. Rethinking the Public Sphere：A Contribution to the Critique of Actually Existing Democracy[J]. Social Text，1990(25)：56-80.

② Dahlberg，L. Re-constructing Digital Democracy：An Outline of Four "Positions" [J]. New Media & Society，2011，13(6)：855-872.

接触，掀起波澜并试图占领主流话语的空间。反公众往往利用网络媒体的特有特征与主流媒体的注意。比如新西兰著作权法案的修正案引起了互联网黑屏抗议活动。参与者将社交头像改为黑色方块，用这种方式引起公众对著作权的注意，成功冲击了推动修正案的主流话语。①

类比以上三点，评论场可以看成是与发帖场平行的空间。最明显的特点在于，与一般的论坛、博客不同，评论区处于主流媒体页面上，这意味着更大的影响力与更高的阅读率。除此之外，网络技术帮助评论区话语的聚集与扩散，比如"点赞"功能将代表话语置于突出位置，评论转发功能使网民话语如水波一样扩散，头像设置、配图设置、链接指向等功能使网民话语有成为焦点的可能。另外，评论区的网民话语出现在霸权话语的附近并与之竞争，成为反公众与主流阶层争夺话语权的正面博弈空间。所以，根据公共领域与反公众空间的关系，可以认为风险情境内的信息——发帖者建构场与评论者意见场是一种平行存在。

四、发帖场与评论场共建情境

发帖场与评论场共同组成了一个较为封闭的网络情境，两者都是公共领域的一种。托尔夫在对比了大部分公共领域的研究后，提出了区分公共领域类型的三个标准：交流空间（communicative space）、话语形式（discursive patterns）和参与者（participants），借用此标准对网络情境中包含的要素进行进一步说明。②

发帖场形成了第一个公共领域空间，也就是新闻公共领域。交流空间为主流媒体网站的新闻区（比如主流新闻网站、热门新浪微博账号等大众媒体提供新闻的空间），参与者为专业的新闻记者、专家、政府、影响力

---

① 周翔，程晓璇. "反公众"何以为"反"——一种多元视角下的公共领域思考[J]. 武汉大学学报（人文社科版），2016，69（5）：63-71.

② Toepfl F, Piwoni E. Public Spheres in Interaction：Comment Sections of News Websites as Counterpublic Spaces[J]. Journal of Communication，2015，65（3）：465-488.

大的大 V 与专业组织，一般来说，话语方式为专业性的、相对感情色彩较少、使用较为正式的新闻话语。

与第一个公共领域相对的是其下方的评论场（交流空间），称为第二个公共领域。参与者是普通网民，专业记者较少踏足此地。参与的话语形式呈现非正式、情绪化的特点。与第一个公共领域相比，此公共领域更加边缘化（位置处于新闻下方），影响力更小，文本控制权力弱（可随意被删除、关闭等）。

至此，由发帖场与评论场组成的风险建构情境内的要素逐渐清晰。根据情境理论，当网民进入情境后，会根据经验定义（判断）情境，考虑自己准备呈现的形象，做出相应的在线评论行为。图 3-1 是新闻与其跟帖形成的网络情境。不同的发帖场与不同的评论场相互组合，形成现实中复杂多样的情境，引起不同的在线评论行为。明确发帖场内话语实践与评论者形成的意见场域成为判断情境的关键。

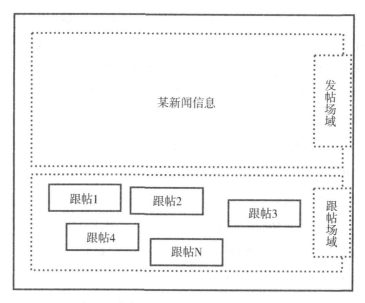

图 3-1　本书研究样本中的网络情境示意图

第二节　话语竞合：发帖场内的风险信息建构

本节将考察发帖场内的话语实践，分为发帖者类别、建构逻辑与建构演变三个部分。首先辨识出发帖者，分析各自扮演的角色；然后探讨他们通过何种框架建构与话语实践对风险的关键概念进行意义争夺，期待巩固或拓展权力边界。

本节将结合 2016 年"山东疫苗事件"（即前述"山东非法疫苗案"）这一经验个案，以此阐述发帖者的建构实践。因部分地区监管不力，公共卫生事件时有发生。2005 年"安徽泗县甲肝疫苗事件"、2009 年"大连狂犬疫苗事件"、2010 年"山西疫苗事件"、2013 年"湖南乙肝疫苗事件"，以及2016 年"山东疫苗事件"和 2018 年"长春假疫苗事件"的爆发，放大了公众对疫苗的风险感知。疫苗接种风险问题一次又一次地呈现在公众的面前。因疫苗安全引起的突发风险事件既是典型的健康风险事件，又是颇有代表性的突发公共卫生事件，如果舆论引导不当，不仅会引起集体恐慌，导致部分人拒绝接种，甚至可能造成疫病流行的严重后果，同时还可能严重影响网民的政治信任感。如 2013 年"湖南乙肝疫苗事件"后，国家卫计委对10 省市展开的检测结果表明，一个月内全国乙肝疫苗接种率下降三成，其余 13 种国家免疫规划疫苗接种率下降 15%。[1]

"山东疫苗事件"是近年基于社交媒体爆发的关注度极高的公共卫生事件，于 2016 年爆发，2018 年结案，微博上有事件从开始到结束的完整数据。此次事件除了有政府、主流媒体等官方媒体账号的参与以外，民间专家、普通网民、自媒体也全面参与，因此是合适的研究样本。

样本获取过程如下：2016 年 3 月 18 日，澎湃新闻首发《数亿元疫苗未冷藏流入 18 省份，或影响人命，山东广发协查函》，迅速引起其他媒体与

---

① 许竞. 康泰乙肝疫苗事件引发信任危机：接种率下降[EB/OL]. [2014-01-20].
http://finance.sina.com/chanjing/cyxw/20140120/105618012296.shtml.

公众的高度关注，《疫苗之殇》一文的爆出，"引爆"了社交媒体，引发了微博热议。"山东疫苗事件"爆发于 3 月 18 日，鉴于平均每个网络舆情热点议题的存活时间为 16.58 天，① 大多数集中于爆发后两周之内，本研究抓取 3 月 18 日至 4 月 1 日相关新浪微博为样本（此日期与知微数据热度增衰曲线一致），按照"评论量""转发量"和"点赞量"排序，选取排名靠前的微博共 419 条作为样本数据。将微博样本数据作为分析单位。

一、社交媒体时代重大风险事件中的发帖者

社交媒体时代，风险事件一旦发生，需要政府、媒体、官员、意见领袖、普通民众等多元主体共同参与风险事件的建构，控制舆情的走向与风险的定义。

虽然研究者视媒体、专家、政府、官员、意见领袖、普通民众等为风险建构者并纳入研究，但是这种划分纯粹按照社会角色进行，从属话语内容的附属物，忽略了"风险"的本质与社交媒体的特性，同一化了相同社会角色建构能力和影响力上的差异。比如同属于"媒体"这一角色的《人民日报》的账号与地方媒体的账号无论在建构力还是影响力上都存在显著区别。因此本书主张，发帖者的界定与分类应该按照风险建构特有的知识维度以及社交媒体的特性进行重新划分，从而获得更高的效度与解释力。

社交媒体改变了线性传播方式，具有复杂网络特征，既打破了传统媒体垄断舆论场的局面，又破坏了行动者间建构能力的平衡。社会角色决定建构力的局面逐渐被改变，取代社会角色的是社交账号的影响力。高影响力账号发出的微博往往被大量转发，从而不断建构风险的意义。西方学者对推特上高影响力微博的影响因素进行了细致研究。有研究者认为高影响力的微博在社交网络中传播议题的能力更强，将微博转发量、被提及数等

---

① 喻国明. 网络舆情热点事件的特征及统计分析[J]. 人民论坛，2010(11)：24-26.

视为影响力高低的关键指标。① 还有研究者认为高影响力帖往往有更强的议题处理能力，通过内容分析发现，议题特殊性、话题性等是保持影响力的关键。② 有学者提出用户的权威性、活跃度和受欢迎度影响微博的影响力。③ "活跃度"是指一段时间内网民连续地、频繁地参与社会网络，"参与"是指可以被测量到的痕迹，如写作、转发或者回复等。"转发排名"以及"转发指数"是测量活跃度最常用的指标。"受欢迎度"指被其他用户识别的几率，粉丝数量高的用户获取高影响力的概率更大。

除社交账号的影响力之外，风险议题与一般议题的区别也需要考察。风险是未经验的、潜在的，是带有权力属性的知识建构。"风险不为人的眼睛和感觉所认识，甚至那些表面上明确无误的观点，仍然需要有资格的专家来评判其客观性……这些危险都需要科学的感受器——理论、实验和测量工具——为的是使它最后变成可见和可解释的危险。"④吉登斯也认为风险是制造出来的不确定性，是由现代技术和科学理性制造出来的。"权力制造知识，权力和知识是直接相互连带的，不相应地建构一种知识领域就不可能有权力关系，不同时预设和建构权力关系就不会有任何知识"。⑤因此，风险是带有权力色彩的知识。

鉴于社交媒体重影响力、风险议题重知识性这两点，本书尝试从账号影响力与账号知识距离两个纬度出发划分风险发帖者的角色。根据文献筛选出影响力与知识距离测量指标并进行划分，其中影响力指标包括粉丝数、微博转发量与点赞数，知识距离测量指标包括博主身份、科普微博发

① Flaviano Morone, Hernan A. Makse. Influence Maximization in Complex Networks through Optimal Percolation[J]. Nature, 2015, 524：65-68.

② Amparo Elizabeth Cano, Suvodeep Mazumdar, Fabio Ciravegna. Social Influence Analysis in Microblogging Platforms：A Topic Sensitive Based Approach[J]. Semantic Web, 2014, 5(5)：357-372.

③ Hu J, Fang Y, Godavarthy A. Topical Authority Propagation on Microblogs[C]// ACM International Conference on Information and Knowledge Management, 2013：1901-1904.

④ [德]乌尔里希·贝克. 风险社会[M]. 上海：译林出版社, 2004：24.

⑤ [法]米歇尔·福柯. 规训与惩罚[M]. 刘北成, 杨远婴, 译. 北京：生活·读书·新知三联书店, 2003：29.

布量。如图 3-2 所示，按照两个维度的分数高低可将发帖者划分为主导发帖者、评判发帖者、补充发帖者与零散发帖者。

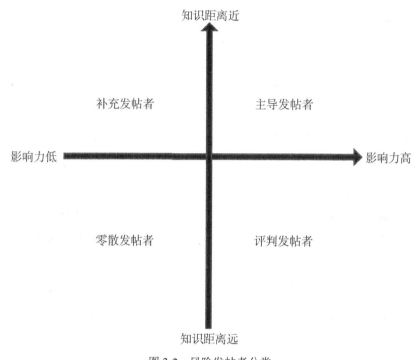

图 3-2 风险发帖者分类

第一个角色是主导发帖者，它是建构风险议题的主要力量。其不仅掌握着有关风险的专业知识，普通民众对风险的理解或者知识获取往往依赖于主导发帖者。换句话说，主导发帖者对个体经验缺乏和知识依赖程度高的风险来说，有着更强的建构能力和影响力。主导发帖者掌握着各种资源和权力，通过调动这些资源和权力，能较为容易地完成对风险的界定以及风险处理的动员。

2016 年"山东疫苗事件"中，主导发帖者掌握权威且可靠的疫苗风险知识或者风险事件的情况，微博粉丝数量、微博平均转发量与点赞数高于平均水平。如"@公安部"等掌握事件情况的政府部门账号，"@卫生厅"等掌握风险知识的政府部门账号，"@人民日报""@央视新闻"等掌握风险知识与事件情况的专业媒体账号，粉丝数量巨大的专业医疗个人/组织账号等。

与主导发帖者有着相同影响力的是评判发帖者，他们的风险相关技术与知识的拥有量不突出。新媒体时代，政府官员、名人、专家等的社会关注度显著提高，风险知识、风险议题的影响力经过他们的讨论、转发、评论等被无限放大。这里需要对评判发帖者与舆论领袖进行区分。舆论领袖是某个专业领域或者多个领域的专家，具有社交性，拥有较大的社交网络和强大的影响力。如拉扎斯菲尔德在《人民的选择》中把舆论领袖解释为：传递重要的竞选信息给大多数选民，并且为他们解释相关的竞选问题，最终影响竞选结果的一类人。① 这说明舆论领袖既能够产生足够的影响力，也能解释专业问题。网络舆论领袖概念本质上与传统舆论领袖并无太大差异，Lyons 和 Henderson（2005）在电子产品论坛中发现网络舆论领袖有着更多的产品知识与使用经验。② Burson-Marsteller 公司将积极、频繁使用互联网的重度使用者称作"E 时代影响者"，因为他们能"通过互联网传播和创造信息改变舆论、建构潮流、引领时尚甚至左右股市"。③ 风险建构中的评判发帖者虽然有着较高的影响力，但并不是相关风险领域的专家，正因为如此，评判发帖者的风险建构特征是通过转发、引用或者短评等方式强化或者弱化、放大或者缩小某个风险建构观点，并较少在知识纬度作出解释。比如"山东疫苗事件"曝光初期，当时微博粉丝量将近 8000 万的陈坤、姚晨，以及粉丝量将近 5000 万的李开复、李晨、黄晓明等微博大 V 的高调转发推动了事件的迅速发酵。他们并不具备完善的医学知识，仅仅依靠转发或者附带情绪修饰的短评获得大量流量；他们的作用往往不是对风险的定义、对风险知识的说明，更多的是引起对风险议题的注意，如果使用

① [美]保罗·F. 拉扎斯菲尔德，等. 人民的选择[M]. 唐茜，译. 北京：中国人民大学出版社，2012：121.

② Lyons B, Henderson K. Opinion Leadership in a Computer-mediated Environment [J]. Journal of Consumer Behaviour, 2005, 4(5)：319-329.

③ Goldsborough B, Reid. The Influence of Active Online Users[J]. Black Issues in Higher Education, 2002, 19(5)：30-31.

情绪性的语言，可能造成民众对实际风险认知的放大。风险一部分是技术性构成，如可能性和重要性；另一部分则是非技术性构成，如信任、恐惧、愤怒、控制等情感因素，情绪是感知性风险的主要决定因素。评判者们往往通过非技术性构成因素获得影响力。

"山东疫苗事件"中，部分评判发帖者并非掌握专业的疫苗风险知识，也没有关于事件情况与进展的一手资料，但是他们却拥有大量的簇拥者、粉丝，影响力大，微博粉丝数量、微博平均转发量与点赞数高于平均水平（如粉丝数量巨大的明星、媒体人等）。

补充发帖者是了解风险的专家。他们掌握风险知识，线下从事专业科学技术研究或者掌握风险相关领域知识和技术，比如工程师、医生、地质勘探者等都可能成为补充发帖者。他们对风险潜在危险以及控制性等方面的解释在风险建构的过程中至关重要。补充发帖者虽然专业性较强，但是对普通网民的影响力有限，观点往往通过主导发帖者或者评判发帖者的二次传播才能获得大范围的影响。他们的话语往往针对主导发帖者遗漏的可能有误的观点，给予补充或者纠正，使得风险技术、知识性的建构更加完整、正确。网络媒体的发展给予补充发帖者更多发声的机会与更少的控制。在传统媒体时代，补充发帖者的话语必须通过媒体的引用才可能达到一定的影响力，这意味着补充发帖者的建构力是被控制的，限制了风险定义的能力、科学的权威性。通过网络，补充发帖者不仅可以直接对一部分人产生影响，更因为他人转发而影响更多的个体，成为风险建构中不可忽视的力量。并且，随着影响力的不断增大，越来越多的补充发帖者朝着主导发帖者转变。

2016年"山东疫苗事件"中，补充发帖者掌握专业的医疗知识、疾病防疫领域相关知识，或者掌握一手的事件情况与进展数据，但并没有较高的粉丝数，影响力有限，微博粉丝数量、微博平均转发量与点赞数低于平均水平（如专业的医生、疫苗领域的专家、母婴养育等专业组织等）。

最后一个角色是零散发帖者，他们大多为普通网民，没有太多的关于风险的专业知识，影响力低，但是不可否认他们依然参与了风险的建构，依然输出了自己关于风险的理解。他们对于风险的知识事关信任、公平和经济，并且以文化、社会和政治价值取向为基础。和技术专家相比，公众对于风险的思考范围更广，当他们试图解释一种风险存在的时候，倾向于将它与日常的生活实践和信仰相关联，即公众往往会用自己的"外行逻辑"来解释风险。虽然缺少科学证据和专业信息，但是以个体经验举例，利用图像或比喻等修辞手段也具有感染力。他们通过经验、质疑等方式来支持、削弱或者抵抗他者的风险定义。虽然零散发帖者的专业性和影响力都不及前三种，但如果观点被评判发帖者转发，或自身身份的特殊（比如事件当事人、目击者等），也会带来质的改变。

"山东疫苗事件"中，零散发帖者多为不掌握专业知识的疫苗风险知识或者事件相关情况，也没有较高的粉丝数量，影响力有限，微博粉丝数量、微博平均转发量与点赞数低于平均水平（如普通网民）。

表 3-1 是"山东疫苗事件"中四种发帖者的频数分布，从表中可以看出，热门微博中，主导者和评判者占多数，分别为 172 条（41.1%）和 120 条（28.6%），说明事件发生后，影响力高的账号发布的建构信息容易成为热门；其次是零散者 83 条（19.8%），零散者体量巨大，但进入热门微博的并不多；补充者 44 条（10.5%），微博中的知识者账号数量并不占优，但能在热门微博中占到 10.5%，足以说明网民对知识的渴望。

表 3-1　四种发帖者的频数分布

	频率	百分比	累计百分比
主导者	172	41.1	41.1
评判者	120	28.6	69.7
补充者	44	10.5	80.2
零散者	83	19.8	100.0
合计	419	100.0	41.1

总之，社交媒体时代，风险背后的发帖者分别从各自视角展开对风险

概念的界定与意义的争夺，目的是维护各自的利益、意识形态与价值观。

二、发帖者风险建构的逻辑

在风险建构的过程中，发帖者是如何围绕意义展开符号化互动与权力维护与扩张的呢？在19世纪，研究者围绕科技引发的风险运用话语分析与框架分析考察风险的建构，展开过详细的论述，核安全、传染病以及环境污染等是当时关注的重点。学者关注文本中风险的界定与背后权力之间关系。框架建构与话语实践都属于社会建构论的视角，强调符号化社会互动与意义阐释在社会运动中扮演的社会角色，以及文化元素在意义阐释过程中的形塑作用。阐述话语分析与框架分析是风险传播研究中常用的研究方法。

话语分析(discourse analysis)从属于广义符号学，强调文本、话语实践、社会实践与社会情境之间的互动。话语分析用来考察基于文本的话语实践如何再生产或挑战固有的社会现实与社会秩序。话语分析可以追溯至亚里士多德的修辞学——论证话语在公共语境中的劝服作用。1952年美国结构主义学家哈里斯正式提出"话语分析"这一术语，他通过分析一篇关于生发水的广告，探讨解释句子与句子之间的规则，语言与文化、文本与社会情境之间的问题。随后，哈里斯指出话语分析有两种方法，一种是可以超越句子界限描述语言，属于语言学；另一种是研究文化与语言之间的关系，属于符号学。大众传媒话语分析属于后者。大众传媒话语分析在符号学的领域依循微观与宏观两条纬度展开。在微观层面上，以语言符号学为主，分析各类传媒话语的文本结构、话语组织机制和话语修辞策略；在宏观层面上，侧重文化符号学，将传媒话语与社会情境相联系，探讨话语的社会认知、社会交流与社会权力功能。正如梵迪克所言，话语分析的目的是从文本视角(微观)和语境视角(宏观)对话语展开清晰、系统的描写，致力于将微观层面的话语建构与宏观层面的社会情境相联系，探明象征性话语渗透出强烈的意识形态、主体的动机。

福柯的"微观力学"将话语与权力联系在了一起，他提出"知识-权力微观物理学"。福柯强调权力生产中的知识与规训，他指出权力的产生"不是凭借权力、法律和惩罚，而是根据技术、规范化和控制来实施的，而且其运作的层面和形式都逾越了国家及其机构的范围。经过数世纪，现在进入了一个法律越来越少地规范权力或充当它的表现体系的社会中。这一关系让社会愈来愈远离了法律的统治"。① 比如福柯认为借助医疗话语的力量，可以使病人的身体理所当然地服从于各种医学的摆布，成为各种医学技术、医学实践和其他相关学科发展的道具。经过科学理论和医学知识的建构，政治和医疗机制最终实现对于私人秘密的合法化窥探。所以说，权力产生于话语机制，存在于关系中。

　　风险话语和相关知识之间也存在一种构成性的权力关系。风险话语经由一系列知识建构得以合法化、制度化，并且借助这种合法化与制度化的话语获得权力。这种权力是赋予风险意义的权力、塑造个体认同的权力、生产知识对象的权力。"权力和知识是直接相互连带的；不相应地建构一种知识领域就不可能有权力关系，不同时预设和建构权力关系就不会有任何知识。"②因此，任何一种风险话语和风险定义都是风险相关学科研究的客体，每一种风险话语都产生出相应的风险观，借助一整套相关知识判断的规范、技术、方法、描述、书写、方案和数据，生产出合法或者非法的知识。换句话说，各个主体通过对经济、利益、生命、健康、进步、社会稳定等概念的重新界定、规训与阐释，产生了不同的风险话语，与此同时获得了建构客体与陈述事实的话语权力。当其中一种话语获得了广泛的社会认同，并且被认为是一种理所当然的文化存在的时候，或者说这种话语有足够的力量使得特定的政策和实践合法化时，这种话语便成为主导性话语。主导性话语存在的同时，就会出现对抗话语（antagonism），通过对主导性话语的挑战或者补充来拓展或者确定身份和权力的合法化。这里的对

---

　　① ［法］米歇尔·福柯. 疯癫与文明：理性时代的疯癫史［M］. 刘北成，杨远婴，译. 北京：生活·读书·新知三联书店，2003：67.

　　② ［法］米歇尔·福柯. 疯癫与文明：理性时代的疯癫史［M］. 刘北成，杨远婴，译. 北京：生活·读书·新知三联书店，2003：29.

抗并非日常语言中"冲突"与"不服"的意思，而是指对思维、公式所存在的局限认识。只有通过质疑或者批评揭露一个通行观点对于新的需求是不恰当的或者无法回应时，通行观点的局限性才可能被人认识到。认识到这种不足意味着为其他声音与观点创造了空间，让它们来定义什么是合适的、智慧的。本书据此意义进行研究。

所以，风险研究中的话语分析最终落脚在现有的权力关系如何通过主导性话语建构起来；主导话语如何被合法化、知识化以及正当化；其他主体如何通过话语实践与主导话语抗争或补充主导话语的不足，从而确定自己的身份与诉求，扩大话语争论，保证自己的知识理念能够被继续推行，从而实现利益目标。

框架分析起源于社会学与心理学，1980 年整合后运用于新闻大众传播学。在社会学领域中，戈夫曼在 1974 年将框架运用于传播情境，指出框架是协助个体组织、解释日常事件的工具。恩特曼指出："框架涉及选择、凸显、框架一件事，就是选择所感知的现实的某些方面，并使之在传播文本中更加突出，用这样的方式促成一个独特问题的界定、因果解释、道德评价以及如何处理的忠告。"[1]Gamson 和 Modialiani 将框架定义为"对相关事件进行感知的工具，以揭露问题所在核心组织的观点"。[2] 因此，从社会学角度来看，框架的建构(frame)意味着多元利益主体之间争论与互动的过程，在过程中赋予事件某种意义。心理学流派的框架理论与期待理论联系紧密。期待理论认为个体所做的决定会被逻辑上相同但语意上不同的信息所改变。因为个人无法完全理解世界，所以他们会运用图来对信息进行分类解释。也就是受众如何分析、处理、解释接收到的信息，是一种框架效果(framing)。潘忠党指出框架分析是关于人们在建构社会现实过程中如何

---

① Entman, R. M. Framing: Toward Clarification of a Fractured Paradigm [J]. Journal of Communication, 1993, 43(4): 51-58.

② Gamson W A, Modigliani A. Media Discourse and Public Opinion on Nuclear Power: A Constructionist Approach[J]. American Journal of Sociology, 1989, 95(1): 1-37.

交往的研究，人们通过共同定义特定场景中诠释框架塑造社会行动的意义。① 新闻传播学的框架分析继承又修改了以上两个传统，潘忠党在总结多位传播学者的论述后将其基本理论观点归纳为：①意义在传播或交往的过程中进行建构；②传播活动是使用表达载体的社会行动，构成一个社会的符号生产领域；③它发生在由物质生产构成的实体场域；④受到规范该场域的公共利益原则以及政治与经济逻辑之间的张立制约；⑤位处于特定历史、经济与政治坐标点的社会个体与团体达成其特定理解或意义所遵循的认知和话语的组织原则，就是所谓的"框架"。

在风险研究领域，框架分析的运用主要集中于三大范畴——话语文本、建构与效果。话语文本，指通过不同文本对同一风险的符号化再现，经常与效果结合起来考察，共同关注不同文本设置的框架如何影响受众的风险感知、政策偏向与行为。通过梳理，风险研究中的以下几个框架较为常用。一是损益框架（gain and loss framing），常用来解释相同风险信息的不同呈现方式导致人们大相径庭的风险感知与行为的心理机制。损益框架源于 Tversky 和 Kahneman 的前景理论，他们发现对同一风险事件的描述，如果行为结果是为获得利益，则人们倾向于保守行为；如果是为遭遇损失，则人们倾向于冒险行为。② 随后的一些媒体与风险感知的研究以此为理论框架，提出损益框架的概念并进行测量。研究证明了信息的侧重点不同（侧重损失或者获利）将会引起受众风险感知、态度、意向以及行为的不同。Lu（2016）根据环境问题引起的海星萎缩病的报道进行实验研究，发现损失框架将引起悲伤情绪，从而改变受众的信息查找行为和政策支持态度。③ 损益框架理论重点在于媒体对于风险带来的损益呈现方式直接影响

---

① 潘忠党. 架构分析：一个亟需理论澄清的领域[J]，传播与社会学刊，2006（1）：17-46.

② Kahneman, D., Tversky, A. Prospect Theory: An Analysis of Decisions Under Risk[J]. Econometrica, 1979, 47(2): 263-291.

③ Lu H. The Effects of Emotional Appeals and Gain Versus Loss Framing in Communicating Sea Star Wasting Disease[J]. Science Communication: Linking Theory and Practice, 2016, 38(2): 143-169.

受众的风险感知以及态度和行为。二是主题式与片段式框架，此框架由美国政治学家 Iyengar 在 1991 年提出，主题式框架指以一个命题为核心，用系统的资料给予全面的概述与报道；片段式框架则以一个具体的数据或者个人的故事呈现改议题的情况。但是也有学者认为主题式与片段式框架的定义缺乏理论内涵，与话语以及建构没有理论连接，研究结果较为单薄。三是情绪框架。近年来，情绪在风险传播中的角色逐渐被重视，心理学家认为情感并不是纯粹的理性与知识的对立面，情感是实践理性与道德理性的一种形式，具有认知和情感两个方面。风险传播的关键不仅仅在于传播科学知识，更在于安抚民众情绪，建立社会信任。Finucane 和 Alhakami（2000）提出的"情感启发式"，① 以及 Loewenstein 等人提出的"作为情感的风险"理论设想对情感和风险感知之间的关系进行了有力的说明。②

除了框架效果的考察，大众传媒建构公共议题（风险事件）的过程也颇受关注。这类研究的重点在于媒体、国家、公众等多元主体在风险议题的建构上的话语竞争和权力角逐。框架分析成为议程设置理论的延伸。甘姆森（1989）发现，在美国三哩岛事件发生后至苏联切尔诺贝利事件前，美国主流媒体对"核工业"的界定既存在"完全在掌控之中、极小事故概率、仍然是工业社会节约能源的安全有效的方式"的"进步安全框架"，也有"官方其实没有控制核能的能力以及核辐射有着无法看到与后果延迟发生的潜在危险"的"逃离框架"。在环境风险传播中，生态激进主义使用"深度生态主义"框架——"每一个个体都从属于生态网络，没有任何物种，包括人类比其他物种更有价值或者意义"来挑战工业主义霸权框架，与砍伐森林、污染环境、杀害动物作斗争。③ 郭小平（2010）以《纽约时报》全球气候变化的

① Finucane, M. L., Alhakami, A., Slovic, P., Johnson, S. M. The Affect Heuristic in Judgments of Risks and Benefits[J]. Journal of Behavioral Decision Making, 2000, 13(13): 1-17.

② Loewenstein, G. F., Weber, E. U., Hsee, C. K., Welch, N. Risk as Feelings[J]. Psychological Bulletin, 2001, 127(2): 267-286.

③ Gamson W A, Modigliani A. Media Discourse and Public Opinion on Nuclear Power: A Constructionist Approach[J]. American Journal of Sociology, 1989, 95(1): 1-37.

涉华报道为例，发现西方主流媒体通过设置事件框架与议题框架、话语置换与议题转移等叙述方式建构了中国的负面环境现象。①

本书尝试将两者结合，考察多元主体的风险建构与意义争夺，使用话语分析来考察风险议题中主导性话语与对抗话语的实践及其之间的关系和意图。将框架分析用来分析各主体如何策略性地框架化特定话语在理解中的意义，特别是对抗话语如何策略性地创造发声机会。

在此基础上，我们继续回到"山东疫苗事件"，探讨"风险知识"与"风险事件"两个纬度的话语建构。一般来说，"风险知识"强调"知识"与"技术"，"风险事件"强调"控制"与"处置"，风险是常态，事件是突发。发帖者依据这两个纬度提出自己的建构框架。

先来梳理"事件"这一纬度的建构逻辑。突发事件泛指一切突然发生的危害人民生命财产安全、直接给社会造成严重后果和影响的事件。"山东疫苗事件"属于对社会造成比较大伤害的公共卫生突发事件。根据经验数据，可以发现发帖者对"事件"话语的意义建构围绕"行动"与"结果"两个关键词展开。

发帖者在建构"事件"话语时围绕"政府行动与结果"这一话语展开争夺。第一种建构从官方立场出发，正面肯定政府行动并强调疫苗事件已被"控制"。框架上主要采取"政府行动框架"，通过积极的用词、具体的数据强调政府的行动过程与控制结果。如采用以下几种修辞：一是速度修辞，山东等地检察机关"第一时间"介入侦查取证，"连夜赶赴"山东；二是成果修辞，"已经"抓捕嫌疑人"297"人，起诉"68"人，"357"人被降职、撤职，63 条线索已经"全部"查实；三是决心修辞，华敬锋表示"保证"这个案子查到"彻底"……这些新闻修辞旨在强调政府行动的效果与决心。

与此同时，另一种话语挑战"政府行动框架"，认为政府行动治标不治

---

① 郭小平. 西方媒体对中国的环境形象建构——以《纽约时报》"气候变化"风险报道（2000—2009）为例[J]. 新闻与传播研究，2010(4)：18-30.

本，"山东疫苗事件"并未从根本上解决。常用的框架为"行动批判框架"和"后果框架"。"行动批判框架"框架否定了"政府的行动"，认为政府的行动只是亡羊补牢，比如以下评论内容："疫苗事情已经好几次了，每次都是出了事才追回！就不能预防吗？""出了事儿才知道查！之前干什么去了？"同时指责政府的行动和处理方式只是表面的，并未直击事件原因的根源，比如："药监局和监管部门谁来负责？"同时指责对嫌疑人以及政府相关责任人的"无刑事责任"与"判罚过轻"的状况。

还有一些发帖者通过链接一些典型案例试图暗示政府行动力不足。如凤凰网采访了2010年"山西疫苗事件"的举报者，即原山西省疾病控制中心信息科科长陈某安，他以内幕知情者的身份解释了冷链的构成以及山东案发生的可能性，其认同当年在《中国经济时报》发表《山西疫苗乱象》一文的记者王克勤说的话："山西疫苗案不了了之，山东及全国必出问题。"这句话也频繁出现在网民跟帖中，将事件责任归于政府。除此之外，还有使用后果框架介绍其他国家政府执政时期发生的疫苗事件(比如美国卡特制药厂事件)的有效处理方法。"@新华网"微博中写道："美国卡特制药厂事件后，法院认定，罪魁祸首是负责疫苗监管的国家卫生研究院，一大批人因此丢了官帽，更促使美国建立起严格的疫苗监管体系。"借此呼吁监督政府行为。

第二种"后果框架"上升到国家体制，样本中部分人提出了"社会在一定程度上培养了腐败温床"的观点。他们片面地认为政府的重视与控制都是"马后炮"，并且"并无从根源上消除腐败和同类事情再次发生的可能"，且会引起"社会风险事件增多"。①

因此，多元主体在"事件"这一维度的阐释围绕"政府行动"和"事件控制"展开意义争夺。一种话语将"政府行动"定义为受中央高度重视、及时有效的行动，另一种话语将其定义为亡羊补牢的、表面的行动。同时针对"事件控制"，双方在狭义的事件与广义的事件上产生对抗。一种话语通过

---

①　以上引用均基于笔者统计样本。后同此。

报道"各省市排查情况良好""相关嫌疑人、企业、官员被抓、摘牌和停职"等，阐述山东疫苗事件已经被妥善处理，危害的继续扩大已被控制；另一种话语则通过强调"政府问责""量刑不足"等问题，认为政府并未完全切断类似事件发生的根源，可能会留下此类事件再次发生的空间。

除了"事件"这一维度，各个主体对"风险知识"维度话语的阐释脉络又如何呢？疫苗风险传播属于健康传播范畴。健康传播并无统一定义，国内大部分学者选取罗杰斯的广义定义：其是一种将医学研究转化为大众的健康知识，并通过态度和行为的改变，降低患病率和死亡率，有效提高一个社区或国家生活质量和健康水准的行为。① 根据这个定义，有关疫苗在风险维度的话语展开是医学知识性的，通过说服来改变人们对疫苗接种的态度与行为，本质上是一种说服传播。通过文本分析可以发现，不同的话语建构正是围绕是否接种疫苗展开。

风险维度上的话语建构之一是"风险极低且无需担心"，劝服公众继续接种疫苗，不要对疫苗产生恐慌。发帖者使用了两种框架论述这一观点，一是"疫苗科普框架"，二是"疫苗安全框架"。"疫苗科普框架"以疫苗为主体，并不仅仅解释此次事件，而是对疫苗进行整体科普，有的是解释疫苗的副作用，强调副作用一般是轻微不适、低烧或者皮疹、发热，通常无害，只有极小的概率会产生严重的病症或者死亡后果，而且这些后果的发生是存在一定身体条件的；有的对从生产到冷链运输，再到注射等过程的技术进行解释，证明我国疫苗技术是先进的，注射疫苗是安全的。比如一些疾控一线工作者讲解疫苗的获取过程需要层层把关，一直到注射都保证了安全性；或者举例说明停止接种的后果，比如有医生科普英国停止接种"百白破"疫苗后，发病率不断升高，从而说服公众对疫苗应保持接种。

"疫苗安全框架"针对此次疫苗事件，解释"失效"的定义，划清其与"毒"疫苗的界限。事件发生后，出现了部分父母因担心自己的孩子，不知

① ［美］埃弗雷特·M. 罗杰斯. 创新的扩散［M］. 辛欣，译. 北京：中央编译出版社，2002：332.

是否应该继续接种二类疫苗，甚至拒绝一类疫苗的情形。发帖者一般通过解释疫苗的原理来平息恐慌。其中包括一些专家，如一位免疫学工作者在评论中科普："把病毒灭活，留下蛋白质外壳后保留其识别信号，注射入体内刺激免疫系统产生抗体，来达到预防疾病的作用"，"没有冷链运输导致疫苗失活，就相当于疫苗变成了一支生理盐水，本身不会产生健康危害，没有必要去恐慌，如果担心，可以去医院查抗体，非阳性就补打一针"。

与之相反的风险话语建构是"事件疫苗有极大风险且后果严重"，使用的是"风险严重框架"与"风险质疑框架"。"风险严重框架"主要对失效疫苗的性质偷梁换柱，将"失效"变为"毒"和"杀人"，与死亡、严重的身体伤害联系起来。一般使用两种方法，一是将疫苗造成副作用而导致的伤害事件与"山东疫苗事件"结合，通过对"山东疫苗事件"无关的个案的深入报道来混淆概念，刻意制造恐慌和愤怒，引起对疫苗接种后果的恐惧。特别是其细节描写和配图易使读者共情，通过将两件不相干事情的"嫁接"，诱导网友形成因果逻辑。

"风险质疑框架"主要是对"风险安全框架"提出质疑。质疑点围绕"失效"意义而展开，强调失效不等于安全，失效也是一种风险。首先是对失效后果的质疑，认为专家主要谈论强制疫苗失效无风险，却逃避谈论狂犬病这类疫苗所造成的严重生命风险。其次是对于"失效"解释的质疑，认为专家强调本次疫苗是"失效的而不是有毒的"是在弱化疫苗的危害，认为其实"失效疫苗本身是有危害性的"。

各个主体在"风险知识"这一维度的阐释围绕"是否有风险"展开博弈。一些主体分别从疫苗本身与本次事件涉及疫苗两个方面入手，用经验数据以及科学原理阐释注射疫苗是一种风险极低但是却有极大的身体保护作用的行为，不应该仅因此次疫苗事件而怀疑疫苗接种的安全性，此次疫苗虽然因为脱离冷链失效，但不会对身体造成伤害，从而说服公众进行接种。另一些主体则针对本次疫苗的"失效"进行意义争夺，认为"失效"是一种"风险"，认为某些疫苗的"失效"会造成严重的健康安全，"失效"这种修辞只是官方逃避斥责的手段。

通过话语分析，以及以往对风险议题的框架分类的借鉴，对样本再次进行深入分析，确定了此次事件的话语框架，如表3-2所示。

表 3-2　框架类型

话语	使用框架	界定	所属维度
政府重视与控制（行动控制）	行动控制框架	强调政府的行为为高效、及时，以及事件已经得到控制及妥善处理	事件
政府失责与后果（行动批判）	行动质疑框架 后果框架	批判政府的处理是表面且徒劳的，无法杜绝此类事件再次发生的可能性	事件
风险极低且无需担心（风险安全）	疫苗科普框架 疫苗安全框架	指出疫苗技术的先进性与安全性，以及本次涉事疫苗的性质，从而说服继续接种	风险
风险极大且严重（技术风险）	风险严重框架 风险质疑框架	强调疫苗注射存在的风险与后果	风险

从表3-2中可以看出，发帖者在"风险事件"与"风险知识"两个维度上的话语建构均存在意义的争夺与反抗。事件维度上，多元发帖者围绕"政府行动"与"事件控制"展开意义争夺。一种话语认为政府行动是高效、及时且有效的行为，另一种话语认为政府行动只是一种表面行为。在事件的控制上，一方在狭义的控制意义上强调疫苗事件已被妥善处理，危害已被控制；另一方则在广义的控制意义上否定政府的处理策略，认为此类事件仍有发生的可能。

在风险维度上，围绕"是否存在风险"展开了话语争夺，一种话语从疫苗本身的科普与涉事疫苗的本质入手，尝试说服公众继续接种疫苗，降低恐慌情绪；另一种则对本次疫苗的"失效"概念提出质疑，认为"失效"的科学定义只是一种逃避指责的手段。所以说，话语的意义始终处于不断的协商和对抗过程中，随时存在对抗与被重构的可能。

三、发帖者风险建构的纵向演变

接下来勾连发帖者与话语框架，考察风险发帖者的话语实践与身份关系，以及在博弈过程中符号资本如何演变，从而维护和挑战多元行动者之间的权力关系。

2016 年"山东疫苗事件"可以划分为三个时期：酝酿期（2016 年 3 月 18 日—3 月 21 日）、爆发期（2016 年 3 月 22 日—3 月 24 日）与淡出期（2016 年 3 月 25 日—4 月 1 日）。三个阶段在文本数量上分界清晰，数量悬殊，如表 3-3 所示。

表 3-3　各个阶段微博样本频数表

阶段	频率	百分比	有效百分比	累积百分比
酝酿期	19	4.5	4.5	4.5
爆发期	319	76.1	76.1	80.7
淡出期	81	19.3	19.3	100.0
合计	419	100.0	100.0	

1. 酝酿期

酝酿期（2016 年 3 月 18 日—3 月 21 日）。2016 年 3 月 18 日，澎湃新闻首发《数亿元疫苗未冷藏流入 18 省份，或影响人命，山东广发协查函》，引起部分网民的关注与讨论，但并未引起大量主流媒体与大 V 的关注。这一阶段的舆论主要由主导者所建构，"@公安部""@人民日报""@央视新闻"等政府与主流媒体账号发表新闻，少数评判者、补充者和零散者关注此事。

此阶段，占据风险建构舞台的是事件维度的建构，并未开启风险维度的建构，说明发帖者还并未意识到此次事件对公众疫苗接种感知的影响和行为改变的可能。虽然只有少量文本数量，但依稀可以看出主导者与评判者、零散者之间存在的对抗趋势。主导者以行动控制作为主要框架，评判者与零散者以批判控制框架与之抗衡，如图3-3所示。

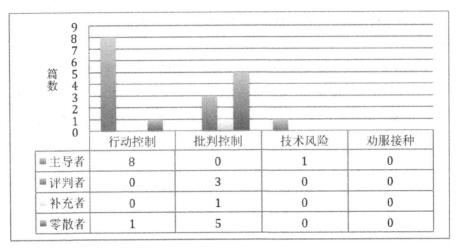

篇数	行动控制	批判控制	技术风险	劝服接种
主导者	8	0	1	0
评判者	0	3	0	0
补充者	0	1	0	0
零散者	1	5	0	0

图3-3　酝酿期发帖者与框架分布

评判者与零散者对主导者的行动控制框架的攻击点在于行动的延迟性和控制的表面性。评判者之所以具有高的粉丝量，除了明星等特殊身份的大V以外，以发言犀利、观点独立、特立独行的自媒体人(组织)为主。明星鉴于身份定位的特殊性与风险知识的缺乏性，发言谨慎，以转发主导者信息为主，或者对信息稍作评论，比如演员姚晨转发微博，仅仅评论"五年?"，并未作过多的解读。自媒体人(组织)的发言则更加犀利，其思想性和独立性有强大的煽动性。零散者多为一般网民，表述则更加直白，负面情绪强，其对信息的掌握也不准确，因此部分人用"我就想问，早干嘛去了? 有人查吗? 监管机制呢? 非等出人命了，有人管吗"等频频质疑政府。但是在这个阶段，两种话语的竞争还未白热化，并未掀起舆论狂潮和话语对抗。

2. 爆发期

爆发期（2016 年 3 月 22 日—3 月 24 日）。2016 年 3 月 22 日《疫苗之殇》这篇旧闻被重新组装加工回到舆论场，阅读量在 10 万以上，随即引发各大媒体与网民对疫苗事件的关注，揭开了爆发期的序章。这个阶段成为话语争夺与对抗最为激烈的阶段，四种角色全面登上话语舞台相互论战或结盟，事件话语与风险话语两个维度全面展开激烈的话语与意义竞争。在事件维度上，主导者与评判者、零散者竞争激烈，在风险维度上，补充者成为主导者最重要的话语同盟，如图 3-4 所示。

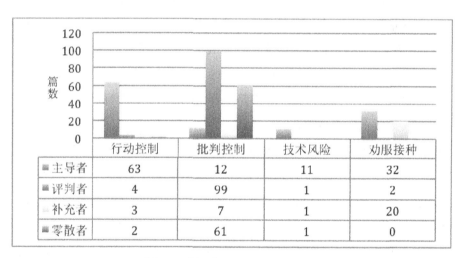

篇数	行动控制	批判控制	技术风险	劝服接种
主导者	63	12	11	32
评判者	4	99	1	2
补充者	3	7	1	20
零散者	2	61	1	0

图 3-4 爆发期发帖者与框架分布

首先，在风险事件维度的话语竞争上，酝酿期的话语对抗态势继续发酵，更为激烈。以自媒体大 V 为主的评判者使用批判控制框架与主导者的行动控制框架形成对峙，他们通过对抗的形式对诉求进行抗争，扩展话语空间。2016 年"山东疫苗事件"在社交媒体的全面爆发来自于《疫苗之殇》和大 V 的反驳，《疫苗之殇》发布不久，自媒体人账号"@和菜头"立即发布《每一个文盲都喜欢用"殇"字》对此文进行批评，随后各种大 V 跟风而上，转发量节节升高，至此"山东疫苗事件"被推上了舆论的顶峰。作为评判者，可能因为缺乏专业的知识，而只能从事件维度进行评判来吸引注意力。一方面，主导者努力使用行动控制框架维持政府的正面形象；另一方面，一些评判者们简单地通过与网民的对立共同消解主导者框架。评判者通过对抗主导者以形成"注意力经济"。零散者在舆论场上受到评判者的影响，果断成为评判者的同盟，共同对抗主导者的话语建构。作为普通的网民，他们的反驳相比之下缺少策略与逻辑，情感有时更加直白与愤怒，文字内容一般直指政府。

其次，在风险知识维度的建构上，以医生、母婴组织等为主的补充者成为主导者的建构伙伴，他们通过自身知识的传播确定社会身份与权力，从而扩大话语权力。事件在风险话语维度的展开源于《疫苗之殇》的发布。《疫苗之殇》本身报道的是与此次事件无关的另一个维度，即疫苗的耦合反应，是发生概率极低的事件，记者报道的初衷在于质疑政府系统对于不幸发生耦合反应的个体缺乏保障。但是随着"山东疫苗事件"的发酵，旧事重提使得失效疫苗与疫苗耦合反应之间产生了叙事联系，导致部分群众开始恐慌，疫苗接种风险被扩大，风险维度话语的建构必须展开。主导者在风险知识的建构上显得有些力不从心，虽然有一定的发文数量，样本数在40篇左右，但是其中大部分属于劝服接种框架，大部分文章内容重合度高，消息来源单一，科研机构与世界卫生组织成为最主要的信息来源。可以说，在信源的引用上，主导者使用了他们所认定的政府专家，成为信息的垄断者，而工作在一线的医生、疫苗相关工作者与网民距离更近的信源基本缺席。与此同时，边缘化的医生、疫苗相关工作者以及相关个人与组织纷纷在微博上发言，以专业知识、权威姿态、生动的内容形式以及良好的受众互动获得了话语的一席之地。"@小儿外科裴医生""@疫苗与科学""@果壳网""@丁香医生"等微博账号都通过大量的文本进行疫苗的科学话语阐释。比如"@疫苗与科学"账号的防疫学医生陶医生进行了微博直播，从疫苗接种到问题疫苗的概率，近期疫苗的效果和安全性，未冷藏疫苗的效果和安全性，以及如果接种了问题疫苗该怎么办四个问题入手，图文并茂地进行科普，共有6万多网民观看了此次直播。需要注意的是，补充者除了在主导者忽视的知识话语占据一席之地，将边缘化的身份和知识理念加以放大和阐释之外，更以风险知识为路径，扩展话语边缘，使用批判控制框架进入事件纬度。比如补充者以疫苗风险管理为突破口，分别在"买卖管理""自费疫苗渠道管理"等方面为政府谏言。虽然此类框架数量不多，但依然可视为补充者的一种话语权力的突破尝试。

3. 淡出期

淡出期（2016年3月25日—4月1日）。随着各个发帖者对《疫苗之殇》的批判，《疫苗之殇》也逐渐在社交媒体中消失，对"山东疫苗事件"的舆论讨论逐渐被其他热点或新鲜的舆情事件所取代，讨论热度也随之下降。这一阶段主导者继续在事件与风险维度上保持话语权，评判者和零散者的建构热度急剧下降，表现出评判者的"注意力经济"的功利心。补充者继续在风险维度上保持一定的话语权，强调疫苗的科学性和接种的必要性，如图3-5所示。

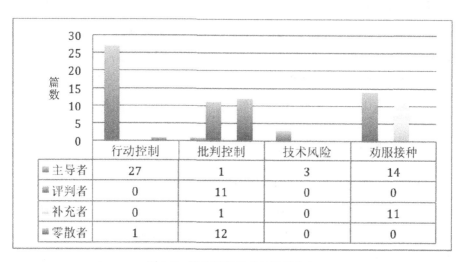

	行动控制	批判控制	技术风险	劝服接种
■主导者	27	1	3	14
■评判者	0	11	0	0
▬补充者	0	1	0	11
■零散者	1	12	0	0

图3-5 淡出期发帖者与框架分布

在这个阶段，多元行动者在事件维度的针锋相对已经明显减少，以主导者的建构为多。随着事件的查明，政府完全介入，嫌疑人、企业与官员相继落网。"45家涉山东非法疫苗企业被通告""国务院：发生重大疫苗事件，地方领导应辞职""国务院修改《疫苗流通与预防接种条例》""已批捕7人，刑拘32人"等内容都代表了政府的行动力与控制力，主导者依次展开文本建构。与此同时，评判者和零散者的评价在事件淡入期，文本建构逐渐恢复理性，虽然仍然多采取批判控制框架，但批判程度和负面情绪卷入度大大降低，加上风险维度的控制行之有效，评判仍集中于事件维度并且出现议题漫射现象。有网民评论道："这一件事情的关键不在于是否真的带来了健康隐患或者医疗事故，而是广大民众对于有关部门公然漠视公众健康，失职渎职，没能及时发现和处理问题，由此造成公众怀疑政府公信力和相关公职人员，产生失望……"评判者开始借"山东疫苗事件"发挥，泛娱乐化和去政治化明显，比如，"吴奇隆18岁的时候，刘诗诗才1岁，单身青年们请多关心此次疫苗事件，你的女朋友可能正在幼儿园打疫苗！"

另一方面，在风险维度上，因为对《疫苗之殇》的澄清，加上前期主导者与补充者的知识建构有效，公众已经不再恐慌，对疫苗的风险有了一定的正确认知。如"@科学与疫苗"账号说道："这次山东疫苗事件是用一次极小的健康代价换来广泛的疫苗风险正确认知，是值得的。"因此，这个阶段已经没有发帖者使用技术风险框架夸大疫苗的风险，抵制疫苗的接种，主导者和补充者继续普及疫苗科学知识，巩固之前的科普成果。①

四、发帖者间的话语竞争与合作

米歇尔·福柯提出的"知识-权力"微观物理学指出，权力产生于话语之中，存在于关系中，权力不是压抑什么，而是在造就什么，通过话语的排除规则和知识系统生产出权力。因此，获得权力的唯一前提是进入赋予权力的话语体系，受这种话语的控制，话语成为权力争夺的对象。因此，

---

① 以上引用均基于统计样本。

多元行动者对话语权力展开激烈争夺以便使自己的身份和话语得以合法化，确定社会舞台的政治地位。

本节通过分析"山东疫苗事件"，呈现各种行动者在话语舞台上对话语争夺的整个过程与全貌，挖掘背后的利益需求。

如前文所述，"当一种话语获得了广泛的社会认同，而且被认为是一宗理所当然的文化存在时，或者说当这种话语有足够的力量使得特定的政策和实践合法化时，可以称这种话语为当前时代的主导性话语（Dominant Discourse）。"①在"山东疫苗事件"中，主导者的专业性与高影响力使其话语理所应当地成为此次事件的主导话语。在事件维度上，主导话语以"事件进展""中央行动与措施"议题为主，可见，在公共卫生突发事件发生后，首先是"维稳"；其次是表达政府严惩此次事件的决心与绝不让此类事件再次发生的态度。体制内的媒体账号作为政府喉舌，沿用了政府报道的框架。而商业类媒体账号继续引用体制内媒体或者政府报道作为新闻源，形成默契。主流的商业媒体的运作逻辑开始出现回归大众媒体主导的趋势，其言论和意见具有明显的党派特征和宣传性，缺乏公共性和开放性。这导致整个网络上关于此事的报道仍以政府工作宣传优先，重建政府公信力为目的，受到政治经济结构限制的互联网呈现"单极化"特征。

与此同时，存在主导话语的同时也诞生了对抗话语（counter discourse）。对抗话语致力于在主流的文本与话语中寻找冲突与矛盾，以重新解读或者结构的方式，从而达到自己的目的。事件维度中，评判者和零散者通过各自的话语，使自己的理念和主体性得以确定与放大。评判者话语的功利性明显，通过反对主导性话语带来"注意力经济"，所以评判者在事件的爆发期最为活跃，当事件进入淡入期后，便迅速从公众视野中消失。新媒体的兴起实际上是一种技术赋权的过程，任何组织、任何人都可以在新媒体平台上建立账号、发表信息，这种新的方式解放了公众的信息生产力，产生

---

① ［美］罗伯特·考克斯. 假如自然不沉默：环境传播与公共领域（第三版）［M］. 纪莉，译. 北京：北京大学出版社，2016：23.

新的盈利模式，这种盈利模式影响着部分行动主体履行社会责任的模式。除此之外，零散者一般为普通网民，他们评论中的不满更多来自于对社会的不满或是对事件的恐慌，社会转型的风险加上传统媒体舆论监督功能的弱化，互联网成为一般网民表达利益诉求常选用的渠道。其通过互联网评论，使自己的理念和期望得以放大和阐释。

在另一个维度——风险知识维度上，并没有表现出激烈的话语竞争。因为专业性的增强，评判者与零散者在这个话语的竞争过程中逐渐消失，主导者与补充者并肩作战，共同定义了注射疫苗可能产生的风险话语权。主导性话语在建构"山东疫苗事件"的时候，更倾向于建构事件维度，而忽略了风险维度的阐释(事件维度的样本占69.2%)，并且建构角度和信源单一。当一个通行观点对于新的需求其实是不恰当或无法回应的时候，它的局限性就会被人认识到，认识到这种不足意味为其他声音或者观点创造了空间，可以让它们来重新定义什么是合适的、智慧的或有伦理意义的。主导话语在风险维度的缺失为医学组织、疫苗相关工作者等创造了话语空间，他们通过在此空间的发言使得医生这一群体被放大，从边缘位置逐渐回到中心位置。并且，补充者这一群体以风险维度为起点，逐渐渗入事件维度，从知识角度出发同时参与到政治话语的争夺中。

因此，从"山东疫苗事件"的舆情演变与微观话语竞争中，可以看出主导性话语随时受到各方面的挑战与竞争。一旦存在对思维、共识的局限性的时候，便为边缘话语或者其他主体的声音创造了空间，他们或是通过竞争，或是通过结盟的方法极力地在话语空间中扩展自己的权力，突出和放大自己的身份与观点。

第三节　支持与反对：评论场的类聚

网络情境内的发帖场内的话语实践建构了风险。除此之外，大量评论者通过对发帖者建构信息的在线评论、点赞、转发等方式同时参与风险建构。相对量小力微的个体网民通过结成群体扩散、反驳或延续发帖者的建构。群体产生的意见场效应调节着发帖者的成果。那么在网络情境内，存在哪些场？又各有何种特征呢？

一、群体效应相关理论

西方学界在线评论研究主要沿用协商民主这一理论框架，强调了作为个体的在线评论的贡献性，即突出每一条评论的作用——提供何种信息，表明何种态度，等等，将每一条评论视作研究对象，作为因变量或者自变量考察其生产与效果。一般使用社会交换理论、一般攻击模型、社会冲击理论、社会判断理论等社会学理论作为理论框架。

但事实上，一般网民缺少网民精英的知识储备与职业技巧，信息多缺少逻辑且情绪化。相对于个体的评论而言，评论群形成言论压力的效果明显。在线评论区中的强势意见显著获得更多支持。若只强调个体在线评论的内容贡献，那么这意味着大多数条评论以提供有价值的信息的方式参与了新闻生产。这一假设暗含的"个体贡献性"显然背离了我国评论区现实中存在的"对抗""非理性"的特征，难以揭示我国网民评论产生的复杂影响。相反，"对抗"与"非理性"这种情绪化的在线评论特征比起"个体贡献性"而言，产生的群体效应更值得注意。比如"吃瓜群众"对社会不公现象的曝光、围观、造势等意见表达实践往往形成意见交汇与共振现象，最终使意见观点朝更一致的方向转移，形成强大的舆论。评论者的声势引起传统媒体注意，倒逼政府作出反应。因此，与西方研究不同，我国在线新闻评论群体性效应需要寻找群体理论支撑。"沉默螺旋效应""群体极化效应""从众理论"可以成为评论场效应的理论框架。

1. 沉默螺旋效应

伊丽莎白诺尔·诺伊曼以德国大选中 100 多万名"最后一分钟的动摇者"现象为研究契机，提出了"谈论与沉默"所形成的沉默螺旋。诺伊曼在书中写道："强势观点大声疾呼，弱势观点保持沉默，这样的现象不断自我循环，一方大声地表达自己的观点，另一方面可能吞下自己的观点，保持沉默，从而进入螺旋循环——优势意见占明显的主导地位，其他的意见从公共图景中完全消失，并且缄口不言，这就是被人们称为沉默的螺旋的过程。"①人们公开表达的意见是不会让自己陷入孤立的意见。从"强势""孤立"等用词可以看出，以"数量"与"强度"为标准，成为划分主流意见气候与非主流意见气候的标准。数量多、强度高、主流媒体宣传、名望者赞同的意见为主流意见；反之，数量少、强度弱、发声弱小的意见是少数意见。并且，人们能够知觉多数与少数、赞成与反对意见。长期以来，个人形成了一种准统计官能，能察觉媒体呈现的主流意见，能感受被孤立的恐惧。

"沉默的螺旋"理论被提出后，遭到了一些学者的质疑。郭小安发现这些质疑集中在"所谓的准统计官能变量难以精确量化""不同的文化传统、社会背景和媒体环境具有不同的表现形式""孤立的恐惧心理变量太过于单一，忽视了人性的复杂"几个维度等。② 但此理论仍然为政治传播中群体意见气候的效果研究打下了基础。大量研究以理论为基础证明了多数意见与少数意见聚积形成的意见气候是影响受众的关键。

2. 社会学中的群体心理学

法国社会心理学家古斯塔夫·勒庞早在 100 年前就在《乌合之众》中将群体中的个人描述为"冲动、急躁、缺乏理性、没有判断力和批判精神、夸大感情的个体等等"。③ 他以法国大革命为背景思考个人在群里中的变化，通过革命中个体种种不理智行为的分析发现，一个有着自己独立主见的人，一旦进入受到人民崇拜意识形态蛊惑的群体中，便成为"乌合之众"的一员。虽然勒庞经常将各种小说的桥段、英雄传说或者坊间留言用具有

---

① [德]伊丽莎白·诺尔·诺依曼. 沉默的螺旋：舆论——我们的社会皮肤[M]. 董璐，译. 北京：北京大学出版社，2013：5.

② 郭小安. 舆论的寡头化铁律："沉默的螺旋"理论适用边界的再思考[J]. 国际新闻界，2015(5)：51-65.

③ [法]古斯塔夫·勒庞. 乌合之众：群体心理研究[M]. 亦言，译. 北京：中国友谊出版社，2019：28-30.

主观性的叙述方法进行表达，以佐证他的论点，但仍缺乏严谨性和科学性。但早在100年前，他已经指出了群体对个人观点、情绪以及意识的强大影响作用。

100年以后，美国教授桑斯坦的《极端的人群：群体行为的心理学》出版，书中强调群体极化现象，他认为许多时候一群人最终考虑和做的事情是群体的成员在单独的情况下本来绝不会考虑和做的。当人们身处由持相同观点的人组成的群体当中的时候，他们尤其可能会走极端。① 其中，桑斯坦提到了"流瀑效应"，认为许多人不是依靠自己实际所知，而是依靠别人持有的想法来判断事实。② 詹姆斯·斯托纳提出的"冒险转移"现象也带有群体极化的意味，"如果群体中大多数人倾向于谨慎，那么经过讨论之后的群体意见会更为谨慎；如果群体中大多数人倾向于冒险，那么经过讨论后的群体意见会更趋向冒险。"③同时，桑斯坦等社会学家指出，互联网中因参与人数更多，群体更大，群体极化现象更容易发生，极化程度也更高。

3. 从众理论

从众理论指出，个体极易受到他人行为的影响，以他人的态度和行为作为参照物维持积极的自我评价，使自己的言行更容易被社会接受、符合社会标准。早在20世纪开端，美国学者谢里夫的"似动现象"实验证明了从众行为的存在——当被试无法精确地对客观刺激因素作出判断的时候，其倾向于采用大多数人的观点。谢里夫的实验证明了个体的信息缺乏导致了个体的从众行为。20世纪50年代，心理学家阿希通过实验重新考察从众现象，发现就算面对明显错误的观点，被试也会压抑正确观点而选择众

---

① ［美］凯斯·R.桑斯坦. 极端的人群：群体行为的心理学［M］. 郭彬彬，译.北京：新华出版社，2010：3.

② ［美］凯斯·R.桑斯坦. 极端的人群：群体行为的心理学［M］. 郭彬彬，译.北京：新华出版社，2010：120.

③ Stoner J A F. Risky and Cautious Shifts in Group Decisions：The Influence of Widely Held Values［J］. Journal of Experimental Social Psychology，1968，4(4)：442-459.

人的错误观点。阿希指出，从众行为来源于群体压力。研究者认为影响从众的关键是规范和信息。从众行为不仅可以获得他人好感，也提高了行为效率与正确率。为了达成这一目的，人们尝试观察他人的行为和态度并进行学习。观察可以发生在面对面的情境下，也可以通过语言和文字或者媒体进行。比如，电视中播放的各种高频率、严重的暴力场景成为人们学习暴力行为的模型。①

以上三种理论分别从社会学、心理学与传播学论证了群体效应的存在，即评论区自然形成典型的评论场，产生群体效应。已存在的评论信息所形成的意见气候将成为主流意见与群体压力，影响网民的在线评论行为。如果评论者的意见与所在群体意见不同，可能会压抑个人意见，形成更趋同群体中的强势观点。如果评论者身处由持相同观点的人组成的群体当中的时候，可能会加深自己的观点。因此，群体意见是产生群体效应的关键。

接下来将从一个实证研究入手，考察在风险情境中，可能存在评论场的意见类别。"群体"概念与"个体"概念相对，是个体的集合。俗话说"物以类聚，人以群分"，群体是不同个体按某种相同特征的结合。一般来说，群体由两个或更多相互作用影响的个体组成，每个群体至少有一个共同的特征。在网络中，匿名使得性别、年龄、学历、职业等人口特征不再显现，情绪调性、意见观点成为显性特征。同时，"沉默的螺旋"、群体极化和从众理论相互照应，强调群体意见的重要性，指出持有相同意见的人所形成的群体对其他个体产生的作用。持有相同意见的人越多，产生的群体效应越明显。可见，意见类型与意见数量是形成群体效应的关键因素。因此，在考察评论场特征的时候，首先区分评论场在线评论内存在的意见类型，再按照一个评论场中各种意见类型的数量多寡划分场，考察场的特征。

———————————

① Anderson, A. A., Brossard, D., Scheufele, D. A., Xenos, M. A., Ladwig, P. The "Nasty Effect": Online Incivility and Risk Perceptions of Emerging Technologies[J]. Journal of Computer-Mediated Communication, 2014(19): 373-387.

二、评论场内的在线评论类型

1. 在线评论聚类的指标

聚类指标的确定需要科学且客观。如前文所述，影响受众行为的关键在于群体意见气候。新闻中的情绪容易被读者感知，又常常激发表达行为，在线评论中往往包含明显的情绪因素，因此情绪作为聚类的第一个指标，包括情绪类别(恐惧、愤怒、悲哀、肯定、无情绪)和情绪强度(1~5)，其中，情绪强度的测量借鉴西方学者的方法稍作本土化修改。另外，网络信息质量决定网民的角色与影响力，内容质量(1~5)是聚类的第二个指标。下面对聚类指标进行具体解释。

(1)情绪

新闻信息能激发受众情绪，从而引发受众的表达行为。

新闻信息对读者情绪的激发是普遍的，特别是负面情绪的激发。大量新闻框架效应的研究证明了新闻与情绪的关系。比如归因框架与情绪的研究中，Nerb 和 Spada(2011)进行了一系列的实验，他们让被试阅读一系列关于环境破坏的新闻，测量何种新闻会激发何种情绪。他们发现如果新闻将环境破坏的责任较多地归于某个人，那么读者就会对这个人产生强烈的愤怒；如果这个人的行为是有意的，那么会激发更强烈的愤怒。这说明新闻对因果关系的解释会激发不同的情绪。同样，在责任框架与后果框架的研究中，研究者发现不同的框架会引发愤怒或者悲伤情绪。[1] Kim 和 Cameron(2011)在实验中设计了关于手机电池爆炸事故的新闻，当被视阅读的新闻是关于手机爆炸与手机公司之间的关系的时候，就会愤怒；当被视阅读的新闻聚焦于受害者所遭受的痛苦，就会悲伤。[2] 随后，Kuhne 和

---

[1] Nerb, Josef., Spada Hasa. Evaluation of Environmental Problems: A Coherence Model of Cognition and Emotion[J]. Cognition and Emotion, 2011, 15(4): 521-551.

[2] Kim H J, Cameron G T. Emotions Matter in Crisis: The Role of Anger and Sadness in the Publics' Response to Crisis News Framing and Corporate Crisis Response[J]. Communication Research, 2011, 38(6): 826-855.

Schemer(2013)做了类似的实验,被试在阅读车祸新闻时,有关车祸发生的原因会激起愤怒,有关受害者的伤情会引发同情。① 损益框架与情绪的研究中,Cho 和 Boster(2008)发现反毒品广告中如果使用了收益框架,被试的情绪是快乐和满足的;如果使用的是损失框架,就会激发愤怒、恐惧、悲伤的负面情绪。② 还有一系列研究检验了片段式框架与主题式框架对情绪的不同作用。Gross(2008)让被试阅读关于反对毒品最小量刑政策的新闻,结果表明,描述个案细节的片段式框架的新闻比统领归纳式、主题式框架的新闻引发了更多的同情。③ 这类研究充分证明了新闻能够激发人们的情绪,并且因新闻写作手法、框架设置的不同,激发情绪的种类、强度及效价也不同。

情绪是网民表达的自变量。网民倾向于在在线新闻评论中表达情绪。网民表达的首要目的可能在于情感的抒发与情绪的发泄,而非完全是信息的分享。首先,情绪是一种具有动机和知觉的积极力量,它组织、维持和指导行为。发泄情绪成为网民在线评论的动机之一。Lee 和 Kim(2015)分析了人们为什么会发布充满敌意的在线评论,在 110 名被访问者中,28.1%的访问者承认是为了表达个人的不满或者失望,从而引起他人的注意与认同;15.7%的人承认是因为无法控制自己的情绪。④ Jang、Kim 和 Jung(2016)以社会交换理论作为框架,通过定性访谈与量化分析,认为人们发布善意的在线评论的一个原因是"感到愉快和开心"。⑤ 其次,从在线评论的内容来看,情绪化是最明显的特点。还有学者对 706 篇新闻下面的

① Kühne, R., Schemer, C. The Emotional Effects of News Frames on Information Processing and Opinion Formation[J]. Communication Research, 2015(3): 137-158.

② Cho H, Boster F J. Effects of Gain Versus Loss Frame Antidrug Ads on Adolescents [J]. Journal of Communication, 2008, 58(3): 428-446.

③ Gross K. Framing Persuasive Appeals: Episodic and Thematic Framing, Emotional Response, and Policy Opinion[J]. Political Psychology, 2008, 29(2): 169-192.

④ Lee, S. H., Kim, H. W. Why People Post Benevolent and Malicious Comments Online[J]. Communications of the Acm, 2015, 58(11): 74-79.

⑤ Jang Y J, Kim H W, Jung Y. A Mixed Methods Approach to the Posting of Benevolent Comments Online[J]. International Journal of Information Management, 2016, 36(3): 414-424.

6444 条有效在线评论进行内容分析，发现充满负面情绪的在线评论出现的频率非常高，而且文章中的信息来源和主题与负面情绪的出现高度相关。李姝（2014）在对网易在线新闻评论的实证研究中发现，与评论样本中的理性诉求相比，情感诉求占压倒性的优势，高达 83.2%，她认为网民更愿意接受和认同通过情感沟通建立与新闻实践以及和其他网民的关系。① 唐红、王怀春指出网络在线新闻评论成为网友表达新闻阅读感受、发表意见的渠道，其中存在着大量的情绪化语言与表情符号以宣泄不满情绪。姚江龙、汪启芳（2013）以"安徽少女遭官二代毁容"和"湛江市长亲吻获批文件"两则新闻事件的报道在线评论作为样本，发现网民在评论中展示了真实情感，产生情感动员效应，吸引更多网民的关注与参与。他们认为在线评论是网民的情绪晴雨表，是阅读新闻后心情展示的重要公告板，也是在线评论展现出的最明显的价值之一。②

新闻中的情绪既容易被读者感知，又常常激发表达行为，在线评论中往往包含情绪因素，因此选择情绪的种类作为聚类的第一个指标。快乐、悲伤、愤怒和恐惧这四种人类与生俱来的情绪被称为基本情绪，两种以上的基本情绪组合生成复合情绪。根据基本情绪的分类以及在线评论样本的实际情况，本书将情绪类别指标分为：肯定、愤怒、恐慌、悲哀与无明显情绪。

除此之外，情绪的强弱也是考察的指标之一。情绪不是一个单一维度，而是一个系统。孟昭兰在情绪心理学中提出"情绪是多成分组成，带有多维度结构特征，并为有机体生存适应和人际交往而同认知互交作用的心理活动过程和心理动机力量"。③ 情绪二维理论认为，除了情绪的效价以外，唤醒度是情绪的第二个维度，由弱到强。情绪三维理论认为，情绪的一个重要维度是激活水平。心理学家制作了情绪锥形三维模式图，通过自

---

① 李姝. 在线新闻评论的实证研究[D]. 广州：暨南大学，2014.

② 姚江龙，汪芳启. 网络在线新闻评论中网民情感表达分析——以网易在线新闻评论为个案[J]. 编辑之友，2013（11）：68-71.

③ 孟昭兰. 情绪心理学[M]. 北京：北京大学出版社，2008：4.

上到下的锥体,将情绪自弱到强地划分出 8 种原始情绪。可见,除了情绪类别,情绪强度也是情绪的组合指标。因此,本书将情绪强弱视作第二指标,按照强弱赋予 1~5 分,1 为最弱,5 为最强。

(2)内容质量

在线评论类型类别划分的第二个标准是内容质量,包括发表文字的内容是否完整、信息是否可靠、专业度如何。意见领袖研究属于传播者身份定位研究。其最早来源于拉扎斯菲尔德对 1944 年政治选举的研究。随后,他与卡茨提出了二次传播理论,该理论指出,意见领袖是大众媒体(当时主要指广播和报纸)信息传播中不可或缺的中介,媒介信息必须经由某些意见领袖才能到达其他人群。传统媒体中,思想与观点的表达者与影响者被认为是意见领袖。网络传播中的意见领袖有着与传统媒体中意见领袖相同的特质。有研究者认为版主、大 V 用户为天然意见领袖,有研究者认为网络中的意见领袖热衷于传播消息和表达意见,或者是某一方面的专家,他们的意见会影响周围网民的意见和态度。余红(2007)使用数据挖掘的方法筛选网络论坛的舆论领袖,认为发帖质量与发帖数量是成为意见领袖的必要条件,帖子的质量是保持舆论领袖地位的关键因素;条理清晰、论证严密、言之有物的帖子才能确定网络论坛的领袖地位。[1] Huffaker(2010)对谷歌社区 16 个讨论组中 3 万多名成员在两年内发布的 60 万条信息进行自动文本分析与社会网络分析,发现网络意见领袖提供专业、可信的信息,以自信、有理有据、充满感情的内容和文字表达吸引网民的参与引起互动。[2] 黄敏学、王琦缘和肖邦明(2015)认为那些能提供丰富的、有价值的信息的人最有可能成为意见领袖,提供的信息越充足,越有可能被关注。[3] 王秀丽(2014)以知乎社区为例,认为知乎社区的繁荣正是因为拥有了一批

① 余红. 网络时政论坛舆论领袖研究——以强国社区中日论坛为例[D]. 武汉:华中科技大学,2007.

② Huffaker, D. Dimensions of Leadership and Social Influence in Online Communities [J]. Human Communication Research, 2010, 36(4):593-617.

③ 黄敏学,王琦缘,肖邦明,等. 消费咨询网络中意见领袖的演化机制研究——预期线索与网络结构[J]. 管理世界,2015(7):109-121.

乐于分享高质量内容、拥有专业知识背景的草根用户，他们用认真、负责的态度分享知识、经验和见解，是知乎的中坚力量。[1] 由此可见，网络信息质量决定着网民角色与影响力。因此，第三个聚类指标设定为内容质量，可按照 1~5 分对内容质量由低到高进行赋值。

2. 在线评论的分类

继续以"山东疫苗事件"为例进行评论场的划分，媒体内容分析抽样多为立意抽样或者判断抽样，研究者根据对研究目标的判断选择适当的样本。不少研究根据资料来源的权威性和代表性选择媒介实体样本，对于微博，以博主权威性、影响力和代表性为核心考虑要素。经讨论与参考其他学者的研究后，选择"@人民日报""@头条新闻""@公安部打四黑除四害""@丁香园""@宝宝树"和"@疫苗与科学"六个微博账号，分别代表中共中央党媒微博、市场化网络媒体微博、政务微博、医疗组织微博、母婴组织微博和专业性大 V 微博，在各个微博账号内利用高级搜索工具，以"山东疫苗""疫苗冷链"和"疫苗失效"为关键词，选择全部类别，未对信息发布时间设限，进行多次组合检索，共检索到含有至少 1 条评论的相关信息 141 条和评论 1128 条。早期从众研究指出，"众人"的多寡影响从众行为。Latané（1981）认为从众概率与群体中的同质性人数并不是线性相关；[2] Tanford 和 Penrod（1984）指出群体规模与从众行为形成 S 型函数，[3]达到 8 人规模后从众效应变得稳定，相似观点的评论数可使评论者产生从众行为，但不会致使严峻的群体极化，因此 8 条及以上评论较有可能形成

①　王秀丽. 网络社区意见领袖影响机制研究——以社会化问答社区"知乎"为例[J]. 国际新闻界，2014，36（9）：47-57.

②　Latané, B. The Psychology of Social Impact[J]. American Psychologist, 1981, 36（4）：343-356.

③　Tanford, S., Penrod, S. Social Influence Model：A Formal Integration of Research on Majority and Minority Influence Processes[J]. Psychological Bulletin, 1984, 95（2）：189-225.

稳定的规范效应。报道样本中包含 8 条及以上评论的新闻共 91 条，选取其下方曝光率最高的第一页的 936 条热门评论作为研究样本。

随后对 1128 条在线评论按照情绪种类、情绪强度和内容质量进行编码。由笔者与新闻传播学专业的一名学生共两名编码员共同完成。在正式编码开始之前，两名编码员对编码表中的类目进行了多次的讨论，从而达到同样的理解。之后随机抽取了 120 个样本予以检验，超过总样本量的10%，编码员间信度超过 90%。

1128 条样本的情绪类别、情绪强度与内容质量几个指标变量的描述性统计显示，在线评论在情绪与质量有明显差异，这与之前阐述的中国网民话语的特征相一致。

1128 条在线评论中，绝大部分的评论情绪为愤怒，占 42.2%，符合我国网络现实特征。公共事件发生以后，网民通过撰写愤怒文字帮助自己以及他人宣泄情感。谢耘耕、荣婷以 30 起公共事件的 7584 条微博热帖作为研究对象，发现采用情感宣泄话语策略的比其他类型多 1597 条，说明在重大舆情事件发生后，情绪性表达具有煽情性，容易引起网友共鸣。① 紧随"愤怒"之后的是无明显情绪的类别，占到 34.6%，原因之一在于这是一件公共卫生事件，引起了众多家长的恐慌，因此专家进行发声以平息恐慌。随后的在线评论中网民常常进行冷静分析，并以安慰的口气抚平不必要的恐慌；原因之二在于情绪随着事件的发展而渐渐平静，本书以事件发生后9 个月作为抽样时间。网民在经过恢复期后，进入情绪稳定期，能较为理性地思考公共事件。除此之外，恐慌情绪、正面情绪与悲哀占比无太大差异，分别为 6.7%、8.4% 和 8.1%。

表 3-4 显示，情绪的强弱水平不同，平均值为 2.96，标准差为 1.62，说明情绪强弱有一定的差异。有的帖子情绪极强，富有煽动性与感染力；有的帖子保持理性，情绪较弱。信息的内容质量的平均值为 3.27，标准差

---

① 谢耘耕，荣婷. 微博传播的关键节点及其影响因素分析——基于 30 起重大舆情事件微博热帖的实证研究[J]. 新闻与传播研究，2013(3)：5-15.

为 1.1，说明能够进入热门的在线评论质量在中等以上，但是其中也不乏无根无据、充满咒骂、质量较低的"口水帖"，如表 3-5 所示。

表 3-4 情绪类别描述性统计

情绪类别	频率	百分比	有效百分比	累积百分比
愤怒	476	42.2	42.2	42.2
恐慌	76	6.7	6.7	48.9
认可	95	8.4	8.4	57.4
无情绪	390	34.6	34.6	91.9
悲哀	91	8.1	8.1	100.0
合计	1128	100.0	100.0	

表 3-5 情绪强弱、内容质量描述性统计

	N	极小值	极大值	均值	标准差
情绪强弱	1128	1.00	5.00	2.9628	1.62785
内容质量	1128	1.00	5.00	3.2793	1.10457

情绪类别为分类变量，情绪强弱与内容质量为离散变量，使用对数似然值测量两个数据之间的数量后，最终 1128 个在线评论被聚为六类。

第一类数量：390 条，占 34.6%，情绪为无明显情绪，信息质量为 3.36，高于平均值；情绪强弱为 1.88，远低于平均情绪；此类命名为冷静评论。

第二类数量：76 条，占 6.7%，情绪为恐慌，信息质量为 3.49，低于平均值；情绪强弱为 2.95，高于平均值；此类命名为恐慌评论。

第三类数量：95 条，占 8.4%，情绪为证明，信息质量为 3.00，情绪强弱为 3.15，帖子质量与情绪强度均低于平均值；此类命名为支持评论。

第四类数量：91 条，占 8.1%，情绪为悲哀，信息质量为 3.32，高于平均值；情绪强弱为 2.82，低于平均值；此类命名为悲哀评论。

第五类数量：301 条，占 26.7%，情绪为愤怒，信息质量为 2.47，远低于平均值；情绪强弱为 3.62，高于平均值；此类命名为泄愤评论。

第六类数量：175 条，占 15.5%，情绪为愤怒，信息质量为 4.53，情绪强弱为 4.21；帖子质量与情绪强度均远高于平均值，此类命名为斥责评论。

表 3-6　聚类类别描述

类别	1	2	3	4	5	6
信息类别	冷静评论	恐慌评论	支持评论	悲哀评论	泄愤评论	斥责评论
情绪类别	无情绪	恐慌	正面	悲哀	愤怒	愤怒
质量高低	3.36	3.49	3.00	3.33	2.47	4.53
情绪强弱	1.88	2.95	3.15	2.82	3.62	4.21
N	390	76	95	91	301	175
占比%	34.57%	6.74%	8.42%	8.07%	26.68%	15.51%

总体来看，情绪类别为聚类结果作出了最重要的贡献，其次是评论质量，最后是在线评论情绪强度。如前文所述，好的聚类应该使得类与类之间的差异尽可能大，类间的同质性尽可能高，下面对本次聚类结果进行评估。

首先进行方差齐性检验，列文检验中 $p<0.05$，方差不齐。使用 Welch 以及 Brown-Forsythe 进行均值相等性的健壮性检验，$p<0.00$，因此在发帖质量与情绪强弱两个变量中，六类中至少有一类与其他五类存在显著差异，接下来使用 Games-Howell 进行两两检验，结果如表 3-7、表 3-8、表 3-9、表 3-10 所示。

表3-7　六类在线评论描述性分析

		N	均值	标准差	标准误	极小值	极大值
情绪强弱	冷静评论	389	1.88	1.30	0.06	1.00	5.00
	恐慌评论	76	2.94	1.63	0.18	1.00	5.00
	支持评论	95	3.14	1.43	0.14	1.00	5.00
	悲哀评论	91	2.82	1.48	0.15	1.00	5.00
	泄愤评论	301	3.62	1.44	0.08	1.00	5.00
	斥责评论	175	4.21	1.19	0.09	1.00	5.00
	总数	1127	2.96	1.62	0.04	1.00	5.00
信息质量	冷静评论	389	3.35	1.07	0.05	1.00	5.00
	恐慌评论	76	3.48	1.16	0.13	2.00	5.00
	支持评论	95	3.00	1.02	0.10	1.00	5.00
	悲哀评论	91	3.32	1.13	0.11	1.00	5.00
	泄愤评论	301	2.47	0.53	0.03	1.00	3.00
	斥责评论	175	4.53	0.50	0.03	4.00	5.00
	总数	1127	3.28	1.10	0.03	1.00	5.00

表3-8　均值相等性的健壮性检验

		统计量	df_1	df_2	显著性
情绪强弱	Welch	104.153	5	311.026	0.000
	Brown-Forsythe	84.314	5	566.461	0.000
信息质量	Welch	356.780	5	302.114	0.000
	Brown-Forsythe	105.985	5	432.798	0.000

表 3-9 在线评论质量的多重比较：Games-Howell 两两比较

(I)两步聚类 类别号	(J)两步聚类 类别号	均值差（I-J）	标准误	显著性	95%置信区间	
					下限	上限
冷静评论	恐慌评论	-0.13	0.14	0.95	-0.54	0.29
	支持评论	0.36	0.12	0.03	0.02	0.70
	悲哀评论	0.03	0.13	1.00	-0.35	0.41
	泄愤评论	0.89	0.06	0.00	0.71	1.07
	斥责评论	-1.17	0.07	0.00	-1.36	-0.98
恐慌评论	冷静评论	0.13	0.14	0.95	-0.29	0.54
	支持评论	0.49	0.17	0.05	0.00	0.98
	悲哀评论	0.16	0.18	0.95	-0.36	0.67
	泄愤评论	1.02	0.14	0.00	0.62	1.41
	斥责评论	-1.04	0.14	0.00	-1.45	-0.64
支持评论	冷静评论	-0.36	0.12	0.03	-0.70	-0.02
	恐慌评论	-0.49	0.17	0.05	-0.98	0.00
	悲哀评论	-0.33	0.16	0.30	-0.79	0.13
	泄愤评论	0.53	0.11	0.00	0.21	0.84
	斥责评论	-1.53	0.11	0.00	-1.85	-1.21
悲哀评论	冷静评论	-0.03	0.13	1.00	-0.41	0.35
	恐慌评论	-0.16	0.18	0.95	-0.67	0.36
	支持评论	0.33	0.16	0.30	-0.13	0.79
	泄愤评论	0.86	0.12	0.00	0.50	1.22
	斥责评论	-1.20	0.12	0.00	-1.56	-0.84
泄愤评论	冷静评论	-0.89	0.06	0.00	-1.07	-0.71
	恐慌评论	-1.02	0.14	0.00	-1.41	-0.62
	支持评论	-0.53	0.11	0.00	-0.84	-0.21
	悲哀评论	-0.86	0.12	0.00	-1.22	-0.50
	斥责评论	-2.06	0.05	0.00	-2.20	-1.92

续表

(I)两步聚类 类别号	(J)两步聚类 类别号	均值差 (I-J)	标准误	显著性	95%置信区间	
					下限	上限
斥责评论	冷静评论	1.17	0.07	0.00	0.98	1.36
	恐慌评论	1.04	0.14	0.00	0.64	1.45
	支持评论	1.53	0.11	0.00	1.21	1.85
	悲哀评论	1.20	0.12	0.00	0.84	1.56
	泄愤评论	2.06	0.05	0.00	1.92	2.20

* 均值差的显著性水平为 0.05。

表 3-10 在线评论情绪强弱的多重比较：Games-Howell 两两比较

(I)两步聚类 类别号	(J)两步聚类 类别号	均值差 (I-J)	标准误	显著性	95%置信区间	
					下限	上限
冷静评论	恐慌评论	−1.06	0.20	0.00	−1.64	−0.49
	支持评论	−1.26	0.16	0.00	−1.73	−0.80
	悲哀评论	−0.94	0.17	0.00	−1.43	−0.45
	泄愤评论	−1.74	0.11	0.00	−2.04	−1.44
	斥责评论	−2.32	0.11	0.00	−2.65	−2.01
恐慌评论	冷静评论	1.06	0.20	0.00	0.49	1.64
	支持评论	−0.20	0.24	0.96	−0.89	0.49
	悲哀评论	0.12	0.24	1.00	−0.58	0.83
	泄愤评论	−0.68	0.20	0.02	−1.27	−0.08
	斥责评论	−1.26	0.21	0.00	−1.87	−0.66
支持评论	冷静评论	1.26	0.16	0.00	0.80	1.73
	恐慌评论	0.20	0.24	0.96	−0.49	0.89
	悲哀评论	0.32	0.21	0.66	−0.29	0.94
	泄愤评论	−0.48	0.17	0.06	−0.97	0.01
	斥责评论	−1.06	0.17	0.00	−1.56	−0.57

续表

(I)两步聚类类别号	(J)两步聚类类别号	均值差 (I-J)	标准误	显著性	95%置信区间	
					下限	上限
悲哀评论	冷静评论	0.94	0.17	0.00	0.45	1.43
	恐慌评论	-0.12	0.24	1.00	-0.83	0.58
	支持评论	-0.32	0.21	0.66	-0.94	0.29
	泄愤评论	-0.80	0.18	0.00	-1.31	-0.29
	斥责评论	-1.39	0.18	0.00	-1.91	-0.87
泄愤评论	冷静评论	1.74	0.11	0.00	1.44	2.04
	恐慌评论	0.68	0.20	0.02	0.08	1.27
	支持评论	0.48	0.17	0.06	-0.01	0.97
	悲哀评论	0.80	0.18	0.00	0.29	1.31
	斥责评论	-0.59	0.12	0.00	-0.94	-0.24
斥责评论	冷静评论	2.33	0.11	0.00	2.01	2.65
	恐慌评论	1.26	0.21	0.00	0.66	1.87
	支持评论	1.06	0.17	0.00	0.57	1.56
	悲哀评论	1.39	0.18	0.00	0.87	1.91
	泄愤评论	0.59	0.12	0.00	0.24	0.94

注：均值差的显著性水平为 0.05。

通过两两比较可以发现，在信息质量上，泄愤评论（M=2.47，SD=0.53）显著低于其他五种类型；斥责评论（M=4.53，SD=0.50）显著高于其他五种类型。这两种类型在信息质量上分属于极高与极低这两端，泄愤与批判虽然在情绪类别上均属于愤怒，但是泄愤评论信息质量低，纯属发泄，缺少逻辑与论据，在文字表达上质量也较差；斥责评论内容完整，有理有据，逻辑清楚，文字表达也较为丰富。在另外四种类型中，冷静评论（M=3.36，SD=1.07）的内容质量显著高于支持评论（SD=3.00，SD=1.02），虽然冷静评论与支持评论都属于较为正面的情绪，支持评论表达肯定的基本方式以"赞""辛苦"等为主，无太多论据作为支撑，而冷静评论则有较多论据来稳定情绪。恐慌评论(M=3.48, SD=1.16)、悲哀评论(M=3.32, SD=1.13)与冷静评论、支持评论的内容质量并未有显著差异。

笔者在研究中发现，在情绪强度上，冷静评论(M=1.88 SD=1.30)显著低于其他五种类型；斥责评论(M=4.21, SD=1.19)显著高于其他五种类型。这两种类型在情绪强度上的变量分属于极高与极低这两端，这种情绪特征符合对评论类别的命名：冷静评论中的情绪仍为平静，用平和的文字表达意见和建议，文字间充满理性的调性；斥责评论情绪激昂，具有感染力，扩大文字的影响力。另外，泄愤评论的情绪(M=3.62, SD=1.44)也显著高于恐慌评论(SD=2.94, SD=1.63)与悲哀评论(M=2.82, SD=1.48)，这也符合命名方式，泄愤评论主要以宣泄情绪为主，情绪强弱显著高于其他三种类型。恐慌评论(M=2.95, SD=1.63)、支持评论(M=3.14, SD=1.43)与悲哀评论(M=2.82, SD=1.48)在情绪强弱上并无显著差异。

通过聚类分析将风险新闻下的在线评论分为六类，这六类评论在情绪强度与发言质量上存在显著差异。其中，斥责评论的发言质量与情绪强度显著高于其他类别，泄愤评论发言质量显著偏低，且情绪显著偏高，冷静评论情绪显著低于其他人，聚类效果较佳。

3. 六类评论者形象特征

接下来根据原始样本推断六类评论者的特征，旁证此次聚类的可靠性与有效性。

泄愤评论者：发言内容质量不高，饱含愤怒的情绪，信息多攻击政府、嫌疑人、卫生相关工作人员、专家，对制度与体制表示强烈不满。但是其信息并不包含具体的论据与指证，只是简单地作出归因，草率地得出结论。无论新闻内容如何，他们均认为新闻是"虚假报道"或者"一贯作风"，与社会现实严重不符，其通过在线评论宣泄愤怒情绪。有些在线评论者脱离事件本身，发泄着聚积已久的怨恨情绪，其在一定程度上与"网络暴民"相似。

批判评论者：评论情绪高昂，内容质量较高，评论者一般具有一定的文化素质与专业素养，在评论者里属于精英阶级。评论者情绪愤怒，对公共事件发表独特看法，对现状不满，对政策不满，提出意见和建议希望改变社会，有批判精神。他们的评论内容涉及领域广泛，且有深度的、独特的见解，行文流畅，颇具文采。其评论有极大的感染力，易影响意见摇摆或者无太多主见的其他网民。典型留言如："中国屡次出现类似案件，监管部门责任固然不可推卸，但案件背后的问题不仅在监管！任何一个成熟社会的稳定除了到位的法治监管，人民的自觉与守法意识定是不可缺少的！"

冷静评论者：评论不带有明显情绪倾向，情绪理智。评论者有一定的学术水平与专业背景，也可以视作理性情绪的"批判评论"。他们积极进言，参与社会的改革，在评论上秉持理性态度，以稳定情绪、探讨事件真相为目的。他们中间会有一些解答者，对网友关于疫苗危害的疑问进行解答。还有一些评论者态度过于"理性"，看似"宽容"，被其他网友称呼为"五毛党"。典型在线评论如："其实不管打什么疫苗都会有一定的几率引起别的问题，这就是所谓的恶魔抽签概率，谁也不能保证疫苗是百分百安全的，但是大部分会是有保护的，所以我支持该打的疫苗还是要打，但一定要选择正规的疫苗注射点。""每一次事件爆出来媒体、'吃瓜'的群众都只是咋呼几天，最终落到实处的还是相关部门。请多一点耐心，当今问题不是没有，但在往好了发展不是吗，相信政府是现在唯一能做到的。"

恐慌评论者：评论中透露着害怕、无助的情绪。评论者大多数是儿童的父母，他们自己的孩子接种了失效疫苗，不知道如何验证已接种的疫苗是否合格，想了解接种失效疫苗后的补救措施，对今后是否接种二类甚至一类疫苗充满疑问，希望了解合格的疫苗获取渠道；另一类人是接种了狂犬病等疫苗的成年人，他们担心自己接种的疫苗失效而危及生命，不知道如何去补救，文字中充满极度的恐慌。在线评论基本在询问，典型留言如："我孩子也是昨天才打了百白破和脊髓疫苗，心情都是沉重的。到底有没有问题？是不是要去补种？""不要说我无知，不要说我盲目，我是真的害怕，如果我家宝宝注射到这批疫苗后出现了网络上的那些反应怎么办？现在每家只有一个孩子，如果出现了这就是毁掉一个家呀！为什么每次的事故最后都是不了了之呢？能怪这些妈妈担心吗？"

悲哀评论者：评论内容从疫苗事件上升为国家体制。在线评论中透露着对体制、国家，以及作为个体的悲哀，评论情绪消极。典型评论如："我真的挺想移民的，可惜没有钱，感觉未来没希望了，可能就这样不是被打死就是被吃死了。""我是农村出来的，因为穷没打过疫苗，现在感觉还挺庆幸的，呵呵，悲哀啊。"

支持评论者：评论情绪正面。有的是对中央重视此事的工作态度表示肯定，有的是对一线工作者的辛苦表示致敬，有的是对媒体人的责任心表示支持，有的是对医学、相关组织辟谣与建议的专业性表示赞赏……内容不算丰富，一般以支持的言语为主。典型在线评论如："新闻哥，你是有良知的媒体人！我是学医的，今天看到《疫苗之殇》刷屏，我都想骂娘，但是你让我发现总是有好的新闻人存在的。""今晚的阅读量一下子就很多，大家都在关注这事。很多爸妈都在自责，明明是想给宝宝最可靠、最安全、最有效的保护，却突然有可能变成无效的，内心多么恐慌啊！谢谢宝宝树的客观分析，帮助惊慌的妈妈们理智地应对内心的纠结！"

三、评论场的类型划分

通过聚类分析，将在线新闻评论按照情绪种类、情绪强度与内容质量分为六类，那么按照这些评论数量的多寡组成的评论场又能分为几种呢？在线评论并非一条一条起作用，而是整体呈现在受众面前，形成意见竞争与共鸣的时空，属于"场"的一种。

1. 评论场划分方法

依然采取二步聚类进行分类。一条新闻下面的所有在线评论形成一个场，上述六种在线评论类型的多寡将决定场的类型。如前所述，从众理论的研究指出，从众行为的发生依赖"众人"的数量。早期的从众实验指出从众出现的可能性会因群体中人数的增加而增加，但4人以上开始不显著，[1]从众程度与群体一致性人数并非线性相关。据此认为8~10条在线评论可以视作参照群体，这个体量的参照群体中存在的一致观点的数量即会导致评论者发生从众行为但又不至于出现严重群体极化现象。因此，抽出上节样本中在线评论数量在8~10条的新闻，以其下所有的在线评论作为本节研究的样本，最终获取新闻样本91条，在线评论936条。

每一条新闻下的所有在线评论形成一个评论场，一个评论场中六种类型在线评论数量的不同分布形成不同的评论场。下面以一篇网络新闻下方的热门评论(8~10条)作为分析单位，设置6个变量。将此评论场内所含冷静评论数量设为变量1，恐慌评论数量设为变量2，支持评论数量设为变量3，悲哀评论数量设为变量4，泄愤评论数量设为变量5，斥责评论数量设为变量6。接着对抽出的91条新闻和936条在线评论组成的91个评论场进行编码，编码依然由本书作者与新闻传播学专业的一名学生两名编码员共同完成，编码完成后随机抽取了30个样本予以检验，编码员间信度达到90%。

2. 评论场的分类

对91条新闻下的91个评论场内各在线评论数量进行描述性统计，可以发现评论场内各在线评论数量存在明显差异。如表3-11所示。

表3-11　评论场内各类在线评论数量描述性统计

	N	极小值	极大值	均值	标准差
冷静评论	91	0.00	10.00	2.54	2.15
恐慌评论	91	0.00	6.00	0.52	1.00
支持评论	91	0.00	5.00	0.61	1.13

[1]　Asch S E. Opinions and Social Pressure[J]. Nature, 1955, 176(4491)：1009-1011.

续表

	N	极小值	极大值	均值	标准差
悲哀评论	91	0.00	5.00	0.60	0.95
泄愤评论	91	0.00	9.00	2.11	2.08
斥责评论	91	0.00	7.00	1.21	1.53

　　91个评论场中平均评论数为7.5条，在所呈现的评论场中，没有一个类型出现在所有评论中，并且标准差较大，场内各种类型的评论分布不平衡。

　　冷静评论与泄愤评论在分布上有相似之处。冷静评论与泄愤评论在评论场出现的平均数量为2~3条，但每个评论场的差异极大。有的评论场中没有冷静评论或者泄愤评论出现，但有的在线评论全部由冷静评论组成，有的评论场几乎全部为泄愤评论。

　　恐慌评论、支持评论与悲哀评论的分布类似。在评论场中出现较少，一般情况下完全没有或者出现一条，但在有的评论场中也可能占据一半(5条)。

　　斥责评论分布依旧不平衡，平均每个在线评论会出现一条左右。但就单个评论场来看，有的评论场中一个斥责评论都没有，而有的评论场中超过一半为斥责评论。

　　从六种类型的数据分布直方图可以发现，数据的分布呈现非正太不均衡状态。六种数据样本统计值明显呈现右偏分布。回到原始数据观察发现是因为部分新闻内容确实容易激起偏激情绪，产生情绪一致性的在线评论情况。那么，按照统计学原理，理应剔除极端值，使数据分布尽可能正态。但是因为新媒体发布的新闻确实存在非理性、情绪优先的情况，加上聚类分析不是一种纯粹的推断统计，其方法基本上与分布原理和显著性检验无关，一般不从样本推断总体(柯惠新，祝建华，孙江华，2003：309)。因此，在本次聚类过程中，不删除极端值。

　　通过两步聚类法，91个评论场被聚类为两类，数量分布较为平均。

第一类场的数量为55，占60.4%，其中泄愤评论数量大概为1，斥责评论、悲哀评论与恐慌评论数量为0~1条，冷静评论为3~4条，支持评论为1。

第二类场的数量为36，占39.6%，其中泄愤评论为3~4条，斥责评论为2条左右，悲哀评论与恐慌评论为1条左右，冷静评论为2条左右，几乎没有支持评论。

表 3-12　两种场内各类型在线评论数量

聚类类别	负面情绪场	肯定正面场
泄愤评论数量	3.75	1.58
斥责评论数量	2.38	0.92
悲哀评论数量	0.65	1.03
冷静评论数量	1.82	4.44
恐慌评论数量	0.95	0.31
支持评论数量	0.20	1.22

重新回到原始数据对场进行命名。第一类场以泄愤评论、斥责评论为多，两者的情绪属性均是愤怒，悲哀评论和恐慌评论也穿插其中，虽然有冷静评论存在，但数量较少，不到2条，支持评论更是几乎没有，因此可将此类场命名为负面情绪场。其特点是负面情绪的在线评论占多，特别是愤怒情绪。

第二类场与第一类明显不同，冷静评论数量占优，达到4~5条，支持评论也至少有1条，而负面情绪较少，恐慌评论几乎没有，悲哀评论、斥责评论与泄愤评论不超过3条，因此可将此类场命名为肯定正面场，其以理性诉说为主，掺杂肯定的声音。

冷静评论的数量在评论场的划分中贡献最大，其次是泄愤评论、支持评论与斥责评论，最后是恐慌评论与悲哀评论，这也较符合数据的分布情况。接下来对场聚类结果进行评估。

此次聚类的依据是六种类型的在线评论数量，故假设场与场之间，各个类别出现数量具有显著差异，使用独立样本 t 检验进行假设检验。

表 3-13 两个场内在线评论数量的独立样本检验

		方差方程的 Levene 检验		均值方程的 t 检验				
		F	Sig.	t	df	Sig.（双侧）	均值差值	标准误差值
冷静评论	假设方差相等	16.20	0.00	-6.51	89.00	0.00	-2.63	0.40
	假设方差不相等			-5.77	47.79	0.00	-2.63	0.45
恐慌评论	假设方差相等	11.06	0.00	2.68	89.00	0.01	0.64	0.24
	假设方差不相等			3.07	81.88		0.64	0.21
支持评论	假设方差相等	64.02	0.00	-4.94	89.00	0.00	-1.02	0.21
	假设方差不相等			-4.14	39.48	0.00	-1.02	0.25
悲哀评论	假设方差相等	11.95	0.00	-1.68	89.00	0.10	-0.37	0.22
	假设方差不相等			-1.52	51.85	0.13	-0.37	0.24
泄愤评论	假设方差相等	7.45	0.01	5.52	89.00	0.00	2.16	0.39
	假设方差不相等			6.07	88.75		2.16	0.36
斥责评论	假设方差相等	10.20	0.00	4.73	89.00	0.00	1.47	0.31
	假设方差不相等			5.26	87.77	0.00	1.47	0.28

独立样本 t 检验的结果显示，负面情绪场中，冷静评论的数量（M = 1.8，SD = 1.32）显著低于肯定正面场的冷静评论的数量（M = 4.44，SD = 2.51），p<0.00，恐慌评论的数量（M = 0.95，SD = 1.33）、泄愤评论的数

量（M=3.74，SD=2.10）、斥责评论的数量（M=2.38，SD=2.38）显著高于肯定正面场的恐慌评论的数量（M=0.30，SD=0.62）、泄愤评论的数量（M=1.58，SD=1.29）、斥责评论的数量（M=0.92，SD=0.97），p<0.05，悲哀评论（M=1.82，SD=1.02）与正面理场中悲哀评论的数量（M=1.02，SD=1.32）无显著差异。

从统计结果可以看出，负面情绪场与肯定正面场中各类评论数量显著不同。负面情绪场中泄愤评论、斥责评论、恐慌评论显著高于肯定正面场，肯定正面场中的冷静评论与支持评论显著高于负面情绪场，由此可认为对评论场的聚类结果是有效度的。

第四节　网络情境对在线评论行为影响的实证研究

发帖者建构场与评论者意见场的不同组合形成多变网络情境，这些网络情境可能影响网民在线评论行为。根据前文的划分，一般风险议题情境中，存在四类发帖场与两类评论场。其中，四类发帖场又可以归为两大类：第一类为主导发帖场，其信息具有高专业性与高影响力，与党中央保持一致；第二类为非主导发帖场，包括补充发帖者、评判发帖者与零散发帖者。他们的信息在专业性与影响力两方面无法同时与主导发帖者抗衡，在对风险的定义上可能与主导发帖者产生分歧，或者与主导发帖者保持一致。

评论场根据话语形式分为两类：一种是肯定的，支持主流意见的，也就是笔者划分的肯定正面场；另一种带有负面情感的，与主流公共领域相对抗的，也就是笔者划分的负面情绪场。

由发帖者建构场与评论者意见场组成的风险建构情境的类型划分变得逐渐清晰。按照两两组合后，存在四种情境：①主导发帖场+肯定正面场；②主导发帖场+负面情绪场；③非主导发帖场+肯定正面场；④非主导发帖场+负面情绪场。根据情境理论，当网民进入这四种情境后，会定义（判断）情境，并考虑自己准备呈现的形象，进行相应的在线评论行为。

表 3-14　四种情境类型

情境类型	发帖者建构场	评论者意见场
1	主导发帖场	肯定正面场
2	主导发帖场	负面情绪场
3	非主导发帖场	肯定正面场
4	非主导发帖场	负面情绪场

戈夫曼情境理论指出，人们的行为动机与期望呈现的理想形象关系紧密。正如他在书中写到的，"个体的行为若要引起他人的注意，这些行为活动必须表达出他所希望传达的内容。"[①]"在他人面前呈现自己时，他的表演总是倾向于迎合并体现那些在社会中得到正式承认的价值。"[②]接下来，以观展/展演理论与从众理论为框架，分析网民如何理解和利用不同情境，使用何种在线评论行为展现形象。

一、理论与假设：展演与从众

戈夫曼认为人们进入情境后，"有向世界展现自己更好的或理想的一面的那种普遍冲动"。"他的表演总是倾向于迎合并体现那些在社会中得到正式承认的价值，虽然他的全部行为却不具备这种价值"，"面对每个不同的群体，个体都会表现出自我中某个特殊的方面，在父母面前谦恭拘谨，在粗鲁的年轻朋友中，像海盗一样咒骂和吹牛"。[③] 换句话说，进入情境的个体行为实质上是呈现自我形象的表演。

英国学者 Abercormbie 和 Longhurst(1998)在 1998 年出版的专著《受众》

---

①　[加]欧文·戈夫曼. 日常生活中的自我呈现[M]. 冯钢，译. 北京：北京大学出版社，2008：27.

②　[加]欧文·戈夫曼. 日常生活中的自我呈现[M]. 冯钢，译. 北京：北京大学出版社，2008：29.

③　[加]欧文·戈夫曼. 日常生活中的自我呈现[M]. 冯钢，译. 北京：北京大学出版社，2008：29.

中提出观展/表演范式，强调受众在媒体消费过程中对意义的二次建构。他们认为社交媒体成为观展和表演的舞台，人们既是他人注视的表演者，又是观展者，观看他人表演的同时自己的表演也会被他人看到，有着"看/被看"与"观看凝视/公开展示"的双重含义。社交平台上作为表演者的受众，在观众面前进行想象性的表演，并认为自己的一切行动都像是在他人的不断注视中进行，是真实或者想象的观众的焦点。这与戈夫曼《日常生活中的呈现》中强调的观点类似，即人类沟通依靠明确的语言符号以及非语言符号在他人心目中创造出他所期待的印象。网络传播以控制性更强的文字交流为基础，缺少非语言线索，使得网民在自我呈现上表现出更多的选择性、可塑性以及自我审查性，加上网络交流属于不同步交流，具有异步性，这使得网民有更多时间有意识地建构信息，战略性地呈现自己。在线评论研究中，"良好的自我呈现"是发表在线新闻评论的主要动机之一，部分网民发布"不怀好意"的在线评论是为了让自己显得特立独行。

如果从展演角度解读受众在线评论，需要改变对新闻效果机制的解释，比如框架理论。自恩特曼将框架理论从社会学运用至传播学后，框架理论成为传播学中出现频率最高、使用最广泛的理论。媒体运用框架建构事实，进行意义"阐释"。

但是，现在置身于媒体化的观展社会，每个人都知道自己网络上的表演可能受到瞩目，可能会通过策略性的设定进行自我表演，以呈现理想形象。受众从被媒体主宰的被动接受者转变成利用媒体进行自我展演的表演者，新闻信息反而变成了网民表演的工具与素材。框架效果可能不完全是文本操纵的被动反应，受众利用框架的不同进行展演。他们可能利用新闻信息的"漏洞"或者"可能激发的情绪"进行展演。在线评论中的负面情绪如愤怒、恐惧、悲伤不是简单的资源，而是引发群体认同的手段，是成为想象中的英雄或理想形象的展示工具。比如具有"不确定性""充满争议""负面""个人化"特征的网络在线新闻评论往往容易脱颖而出成为焦点，这些草根网民也被视为"民众的代言人"或有"拥有独立思考力"。民间话语天生缺乏权力与地位，为了获得更好的表演效果，抢占话语制高点，通过对抗话语压制主流建构成为一种有效的自我美化的策略。以下 $H1_1$、H_2、H_3 为研究假设。

H1：重大风险事件中，强调官方立场的议题框架下出现对抗型评论的概率比其他框架高。

除了新闻框架的设定，发帖者的身份同样是网民可以用来进行表演的工具。前文风险的发帖者分为主导发帖者、补充发帖者、批判发帖者与零散发帖者。主导发帖者代表着党和政府，以严肃新闻为主要报道内容，具有专业理念、专业操作方法和文化自觉精神，着力弘扬主流价值观。在一定意义上，主导发帖者代表着公权。肯尼斯·博克将对立认同定义为一种通过分裂而达成凝聚的最迫切的形式，大家有某种共同反对的东西而形成的联合。社会的剧烈变革产生严重两极分化，从而导致社会心态失衡，滋生了普通网民对公权力的不满，对抗公权成为评论者与其他网民的一种默契，迎合着大量观展者的期待，易获得认同，从而建立同盟关系。因此，主导发帖者账号下对抗信息占多并不稀奇。另外，一些研究也证明网民对不同身份的信息有着不同的评判标准和考虑，从而导致不同的在线评论行为。

H2：重大风险事件中，官方媒体账号下出现对抗型评论的概率比自媒体账号高。

如前所述，从众理论指出个体极易容易受到他人行为的影响，以他人的态度和行为作为参照物维持积极的自我评价，使自己的言行更容易被社会接受、符合社会标准。从众不仅可以获得他人好感，也提高了行为效率与正确率。为了达成这一目的，人们尝试观察他人的行为和态度进行学习。观察可以发生在面对面的情境下，也可以通过语言和文字或者媒体进行。比如，电视中播放的高频率、严重的各种暴力场景成为人们学习暴力行为的模型。

已存在的评论场如同模型一样可能影响网民的在线评论行为。如果评论者的意见与情境中的评论场意见不同，可能会压抑个人意见，书写更趋同群体中的强势观点。如果评论者身处由持相同观点的人组成的评论场时，可能会加深自己的观点。如前文所述，在线评论实践形成了不同的评论场：①网民理性正面评论，形成认同主导发帖者的肯定正面场；②网民对抗型评论，形成与主导发帖者博弈的负面情绪场。诸多研究证实情境影响网络表达。在负面情绪场中，存在的对抗信息如模型般使攻击、咒骂等不文明行为变得"可接受"并且"合法化"。Zimmerman（2012）通过实验发现，博客下的攻击性留言如社会模型导致匿名被试的留言有更强的语言暴力倾向。因此，肯定正面场与负面情绪场所传递的意见氛围会使评论者产生从众行为。换句话说，两种情境在某种程度上调节了发帖者的建构效果，使得网民更趋向于写下与评论场调性一致的评论。① 那么，哪种情境的调节作用更大？诸多研究表明消极情绪更易在互联网上传播并产生情绪感染效应，网民更擅长识别和注意消极信息。一旦网民与对抗的在线评论情境产生"认同"，更容易发生从众效应，从而消解新闻本身的框架效应。故笔者假设：

H3：风险事件发生时，评论场调节发帖场的框架效应，负面情绪场产生的调节效应高于肯定正面场。

二、变量测量

继续使用上节抽出的样本进行假设检验。

因变量：因变量为"是否为对抗评论"（是＝1）。根据前人研究，对所有新闻评论样本（n＝1128）使用聚类分析，科学判定评论类别，情绪类别、强度、表达质量为聚类指标，结果分为六类：冷静评论（n＝390）、恐慌评论（n＝76）、支持评论（n＝95）、悲哀评论（n＝91）、泄愤评论（n＝301）、斥责评论（n＝175），健壮性检验（p<0.001）显示聚类质量佳。将含有负面情绪的泄愤评论、斥责评论、恐慌评论和悲哀评论定义为对抗评论。

控制变量：评论区情境的判定以新闻为分析单位，对其下的热门评论

① Zimmerman. Online Aggression：The Influences of Anonymity and Social Modeling [D]. Florida：University of North Florida，2012.

再次使用两步聚类法进行判定，根据前文所述，情境可分为协商和对抗两种情境，基于其内涵，将恐慌评论、悲哀评论、泄愤评论和斥责评论占多的评论区情境识别为对抗情境，将冷静评论与支持评论占多的评论区情境识别为协商情境。评论区情境为虚拟变量。

自变量：自变量包括新闻框架和账号类型。参考恩特曼与郝永华等（2014）提出的框架，① 提炼出此次"山东疫苗事件"的五个框架：①严重框架（问题界定）；②安全框架（问题界定）；③失责框架（解释原因）；④政府行动框架（对策建议）；⑤指导民众框架（对策建议），如表 3-15 所示。

表 3-15 框架界定

框架类型	定义
严重框架	事件后果严重，无效疫苗严重威胁生命健康
安全框架	接种失效疫苗对人体健康影响较小
失责框架	事情发生的原因，政府及/或其他组织失责或没有尽到义务的行为
政府行动框架	政府及/或其他组织针对该事件做出的补救或防患行动
指导民众框架	为民众提供疫苗接种的指导或建议

根据强月新等（2016）对主流媒体的定义，将六个账号中的体制内媒体、商业媒体、政府机构账号设为主流账号，即"@人民日报""@头条新闻""@公安部打四黑除四害"；将非政府专业组织和个人账号设为非主流账号，即"@丁香园""@宝宝树""@疫苗与科学"。账号类型为虚拟变量。

交互变量：本书检验框架类型与评论情境的交互作用。模型共包括 4 个交互变量，即框架类型乘以情境类型，如表 3-15 所示。

编码：编码工作由两名编码员合作完成，随机抽取 100 个样本，使用 Krippendorff's α 检验编码员间信度：新闻框架（α = 0.92）、账号类型（α =

---

① 郝永华，芦何秋. 风险事件的框架竞争与意义建构——基于"毒胶囊事件"新浪微博数据的研究[J]. 新闻与传播研究，2014(3)：20-33.

1)、评论情绪种类($\alpha = 0.98$)、评论情绪强度($\alpha = 0.77$)、评论内容质量($\alpha = 0.89$)，均符合标准。

研究模型：使用二分逻辑回归模型考察新闻框架、账号类型、评论区情境类型以及情境与框架的交互作用对对抗信息形成的影响。模型方程如下：

$$\log\left(\frac{P_i}{1 - P_i}\right) = b + \sum_k B_k X_{ki} + \sum_c GcCci + \sum_{ck} dcCXci$$

其中，p_i 是第 i 条评论成为对抗评论的概率值。X_{ki} 表示自变量，即框架、账号类型，B_k 是自变量的回归系数，是自变量影响评论成为对抗评论概率的斜率。本书将首先考察新闻框架和账号类别对抗信息形成概率的影响程度。C_{ci} 为虚拟变量，即情境类别，也作为控制变量纳入模型，Gc 是情境变量的回归系数，表达情境变量对因变量影响力的斜率。$CXci$ 是情境与五个新闻框架的交互，dc 是其回归系数，计算框架效应在两种情境作用下对对抗评论形成概率的影响程度。

三、数据分析

1. 未纳入情境时，框架与账号属性影响对抗评论行为

以"是否为对抗评论"为因变量的 logit 模型的检验结果如表 3-16 所示，其中包括三个检验模型。模型 1 以框架类型和账号类型为自变量，未代入情境类型这一变量。结果显示，框架与账号类型的回归系数均显著，说明在仅仅考虑风险信息本身情况下，框架设定与账号类别显著影响对抗评论出现的概率。官方账号下出现对抗评论的概率显著高于自媒体账号，前者是后者的 1.481 倍。信息框架类型也影响对抗评论出现的概率：指导框架的对抗评论最少，而严重框架的对抗评论最多，具体而言，严重框架、安全框架、行动框架和政府失责框架下出现对抗评论的概率分别是指导框架的 5.661 倍、5.065 倍、3.369 倍和 1.538 倍。

2. 情境影响对抗评论行为

模型 2 加入评论区情境后，账号类型不再显著，评论区情境和部分框架的回归系数保持显著，这表明，信息框架和评论区情境（而非账号类型）与对抗评论行为的关系更为密切，官方账号并不一定导致对抗评论。模型 2 显示：①对抗情境下书写对抗评论的概率是协商情境的 4.273 倍；②越背离民众需求的信息框架，引发对抗评论的概率越大，如与指导框架相比，行动框架、严重框架和安全框架下的对抗信息分别是它的 3.146 倍、3.238 倍和 3.781 倍。

3. 评论区情境调节新闻框架效应

模型 3 考察情境类别的调节效应，因此纳入情境类别与框架交互项。账号类型仍保持不显著，模型 3 与模型 2 的拟合优度出现显著差异，模型 3 优于模型 2，评论区情境显著调节新闻框架效应，影响对抗评论出现概率。为探究两种情境的调节效应，依据表 2 中模型 3 的逻辑回归模型与概率发生比公式，分别计算出 10 种情况下撰写对抗评论的概率，结果如表 3-17 所示。对抗情境下大部分框架下对抗行为出现的概率均高于协商情境，包括失责框架。基于此，除假设一被证伪外，其他假设均被证实。

表 3-16　框架、账号类型、对抗情境对评论行为的影响（**Logistic Model**）

自变量	模型 1			模型 2			模型 3		
	B	S.E.	Exp(B)	B	S.E.	Exp(B)	B	S.E.	Exp(B)
框架类型(参照:指导框架)									
政府失责框架	0.372	0.300	1.538	0.559[#]	0.320	1.748	0.70[#]	0.415	2.014
行动框架	1.215[***]	0.296	3.369	1.146[***]	0.315	3.146	1.636[***]	0.455	5.133
安全框架	1.622[***]	0.312	5.065	1.330[***]	0.331	3.781	2.007[***]	0.462	7.440
严重框架	1.734[***]	0.317	5.661	1.175[***]	0.339	3.238	1.493[**]	0.567	4.448

续表

自变量	模型1			模型2			模型3		
	B	S.E.	Exp(B)	B	S.E.	Exp(B)	B	S.E.	Exp(B)
账号类型 (高控制=1)	0.393**	0.196	1.481	0.047	0.214	1.048	-.057	0.246	0.944
情境(对抗 情境=1)				1.452***	0.167	4.273	2.409***	0.649	11.121
情境*政府失责							0.298	0.849	1.347
情境*政府行动							-1.169*	0.702	0.311
情境*安全							-1.521*	0.717	0.219
情境*严重							-.869	0.778	0.419
常量	-.964*	0.263	0.381	-1.290***	0.288	0.275	-1.441**	0.432	0.237
-2logliklihood	1177.756			1068.875			1057.376		
χ^2	95.515			174.566			186.065		
Df	5			6			10		
N	936			936			936		

注:*** 表示 p<0.001;** 表示 p<0.01;* 表示 p<0.05;# 表示 P<0.1

表3-17　框架*情境下对抗评论行为发生概率

	指导框架	政府失责框架	行动框架	安全框架	严重框架
对抗情境	0.720	0.877	0.810@	0.811*	0.831
协商情境	0.810	0.210	0.550@	0.362*	0.513

注:*** 表示 p<0.001;** 表示 p<0.01;* 表示 p<0.05;@ 表示 P<0.1

四、网络情境影响在线评论行为

1. 内因:"对抗-对话"中的内在张力

假设一被证伪与假设二被证明,这表明当报道框架与受众认知间产生偏差,同时这种偏差又被网民认定是媒体有意回避本质问题而导致时,就会触发对抗评论表达。其路径具体表现为不同框架下对出现对抗评论的概率差异：指导民众框架下对抗评论出现概率最低，失责框架、严重框架、政府行动框架和安全框架下出现的对抗评论概率依次攀升。这说明网民认为公共卫生风险事件发生后，健康行为指导和情绪安抚是媒体应承担的责任。部分网民认可指导民众框架，但并不认可政府行动框架和安全框架，比如在"接种失效疫苗不害怕"新闻下指责对生命的不负责；在强调政府行动"取消涉案企业资格，对企业展开调查"的新闻下，不断追问"如何对待政府监管出了问题"。这些评论是部分民众希望媒体所使用的框架。评论看似直指政府或者公权力，但实际上是部分网民对政治共同体持有的政治原则保持高度忠诚的证据。网民聚集在主流媒体账号下，不仅希冀获得及时、权威的信息和健康行为指导，也希望通过在评论区参与议题、借助评论区的传播扩散功能，引起决策者注意。所以网民的对抗解读常常发生于以下场景，一是实际存在但尚未被媒体报道的问题，比如新闻报道政府对企业的调查，网民会追问监管问题；媒体报道对官员的追责，网民会追问预防问题。二是媒体为规避风险而未起到监督作用时常会引发民众的愤怒。从本书经验数据表明，主流媒体最常用政府行动框架（63.2%），在框架设定上与官方保持了默契。然而，长期以来形成的规避风险的报道常规激起了对抗评论；相反，失责框架下对抗评论概率最低，这说明风险事件中民众更需要媒体监督框架，比如"@人民日报"账号中的问责话语，其使用了"逐利枉法""失职失察""渎职""严重违规违法""情节严重""性质恶劣""监管不到位"等严厉的词语，这种直言不讳的话语表现了官媒直面问题的态度与决心，收获了肯定与赞扬。

基于亨廷顿提出的发展中国家公民政治参与模式，孙卫华检验了现阶段中国蓬勃的互联网表达，指出社交媒体的广泛使用集中释放了社会大众的政治诉求，形成了社会大众自发推动、中产群体支持的、自下而上的"大众政治模式"。[1] 这种激情汹涌的、情绪丰富的"大众政治模式"显然偏

---

[1]　孙卫华. 表达与参与：网络空间中的大众政治模式研究[J]. 新闻大学，2016（5）：73-80.

离公共领域的沟通理性，更难收获协商一致的沟通结果。多元主体在意义和理性概念理解上存在差距，网络政治表达更像一种博弈辩论，民主本质包容多样文化实践与表达。网民呈现的"多元抗争"仅是表面上的"对抗"或"发泄"，其实质是网民基于利益诉求或情绪表达，积极参与社会治理的表现。这种话语并非对抗关系，而是一种"对话"模式。随着社会发展，年轻一代的权利意识浓厚，自我表达和政治参与感强烈，他们对政府有着更高的要求和期望，对政治体系的认同从开始阶段的政治体系提供物质服务是否充足的认同，逐渐转向对政治体系运转透明度、合法度、是否符合公民基本权利实现等方面的认同。当政府无法满足公众的政治期待时，也就是公民期望与现实能力之间出现落差时，网民会对政策、官员、政府行为进行批评。

2. 外因："观展-表演"中的从众心态

本节中的假设三（即 H_3）的被证明表明了评论行为与评论区情境之间的关系，当网民身处对抗情境时，书写对抗性评论的概率增大，即使面对"指导民众框架"，对抗评论概率也可能增加。Abercormbie 和 Longhurst 提出观展/表演范式，认为受众在媒体消费过程中通过对意义的二次建构形成身份认同。据此，网民在评论表达中建构一次次表演，同时不断观看其他网民表演。阅读评论和撰写评论被转化为不断循环的观展和表演，网民同时拥有传者和受者的身份。一方面，展演着的网民期待获得其他人的注意力资源，他们想象自己的评论是在他人不断注视中进行的，是想象中真实观众的焦点。获得的"赞"或支持性的"回复"是他人认同的符号形式，在多条评论中建立独特认同并维持有利地位是收获支持、信任、自尊和威望的前置条件。比如网民在进行评论表演前会主动寻找媒体报道中的"漏洞"或"可能激发他人共鸣"的信息，这时评论中的悲愤或质疑不仅是表达情绪的途径，更是寻求共同群体的共鸣和认可，使自己成为想象中的英雄般的公众代言人的手段。所以，网民的对抗表达也并非单纯受到媒介信息刺激后的被动行为，也可能是迎合大量观展者期待的主动展演行为，这也解释了评论区负面与大量冷静评论共存的原因。另一方面，相比成为特立独行的意见领袖，成为从众的展演者更容易。从众能使言行被社会接受，符合公众标准，是提高行为正确率和效率、获得他人好感的捷径。人们早已习惯通过观察他人的行为和态度进行学习，一旦感知到自己的意见与群体不同，可能会弱化自己的观点，趋同于群体中的强势观点，如果身处与自己观点相同的人群，可能出现观点极化现象。因此，如果评论中多以对抗评论为主，这些对抗评论将如模型般使攻击、咒骂等不文明行为"合法化"且被大众接受。

本 章 小 结

风险建构的网络情境由发帖者建构场与评论者意见场共同组成，两者是平行的公共领域空间。通过实证研究发现，一般而言，风险议题的网络情境中存在四类发帖建构场与两类评论场，两者存在着对立与结盟。复杂的建构情境在网民或展演或从众的心理支配下影响网民在线评论行为。

本章使用 2016 年"山东疫苗事件"的 91 篇新闻与 936 条在线评论为样本，建立情境，使用对抗评论行为的逻辑回归模型进行考察。研究发现，第一，发帖场的框架设置与发帖者类别成为个体展演的工具，显著影响对抗评论行为的发生；第二，评论者意见场引发从众行为，一旦网民感知身处对抗氛围时书写对抗评论的概率显著提高；第三，评论者意见场对框架效应产生调节作用。与肯定正面场相比，负面情绪场中的从众现象更明显，消解了框架在对抗行为发生概率上的差异。

第四章
影响在线评论行为的现实情境

    本章将分别考察在中观和宏观层次上，现实情境与个体的交互如何影响网民行为。

    在宏观层面上，中国社会正在经历转型，现代化进程中可能出现一些风险情境，这是中国当下的现实。社交媒体是现代网民获取社会信息的重要途径，而媒体在塑造社会情境认知方面具有强大的作用。有些人又常常在网络上表达对现实的不满和诉求，容易让其他受众患上"媒体抑郁症"，负面的社会舆论会影响网民的社会认知和正面的社会信念。这些经验与认知潜移默化地影响着网民对现实情境的判断与解读，支配着在线评论行为。

    在中观层面上，新媒体技术使媒体情境发生了翻天覆地的变化，低成本、易使用和强关系成为新媒体情境的显性特征。网民作为社会人一直存在心理需求，新媒体情境使得人们通过在线行为满足需求，在线评论行为继而发生。

    因此，现实情境的网络映射影响着网民的社会认知，影响着在线评论行为。那么，在社交媒体时代，现阶段的社会结构如何影响网民社会情境认知，网民的社会情景认知有何特点？技术光环下的新媒体情境使哪些心理需求容易满足？这些心理又与在线评论行为有何关系？这是本章论述的主要内容。

第一节 "不太满意"与"不够信任"：对社会情境的认知

我国总体的社会环境处于"社会转型"阶段，本节从社会环境因素与媒体使用关系的视角，实证研究社会情境与新媒体的叠加对社会情境认知带来的影响。

一、转型中国的社会情境

1978 年的改革开放拉开了中国当代社会的转型序幕。中国社会转型以经济体制改革为起点，引发社会整体和全面的结构性转变，人们的行为方式、说话方式和价值体系随之发生转变，中国从封闭式社会走向开放性社会。从改革开放至今，国家整体实力不断增强，一跃成为世界第二大经济体。与此同时，资源配置、利益分配、执法公正、公共管理等社会深层次问题逐渐显现。中国也呈现出风险社会的景观，也存在着矛盾和可能出现的危机。生活在社会中的个体同时感知着社会环境的改变和社会转型。

丁烈云等人在《中国转型期的社会风险及公共危机管理研究》中具体提出了现代化过程中突出的风险与矛盾。第一，工业化过程中的就业矛盾与发展失衡导致的矛盾，其中包括国有企业改制中人员下岗失业引起的矛盾；经济增长与社会发展严重失调引发的社会矛盾；经济发展与自然生态不和谐造成的人口、资源、环境之间紧张的局面；区域发展、城乡发展不平衡引发的三农问题，发展的不平衡也导致不同社会主体间的矛盾与冲突。第二，市场化过程中的收入差距与社会分化导致的矛盾。社会财富分配机制不合理、贫富分化严重的同时，社会阶层和社会结构发生深刻变化，而社会阶层分化加剧，导致各阶层的价值观念、社会意识的差距同时增大，这种差距容易带来各阶层间的利益冲突。阶层分化过程实质是社会各阶层利益的重新分配、组合的过程，在各个阶层争取经济资源、政治资源和文化资源的过程中，必然导致某些阶层的利益受损而引起冲突。第三，城镇化过程中的拆迁征地与社会问题引发的风险矛盾。重城轻乡的公共财政投入导致农村的资金和资源不断快速流向城市，虽然筹措了工业化和城市化所需资金，但损害了农民群众的利益，造成了大量农民"失地、失业"，引发了广泛和严重的社会问题。第四，开放和流动背景下的社会失序与失控引发的风险。在传统社会向现代化社会转型过程中，新的控制体系还未完全建立，阻碍公平合理的制度性障碍的存在加速微观风险的发生，造成部分人群的挫折感和不满，容易导致社会矛盾与冲突。第五，转型时期的观念多元化和价值冲突引发的矛盾。社会转型使得传统的规范和价值体系逐渐解体，但其影响尚存，而新的规范与价值体系尚未完全确立，出现"规范真空"，既容易引发遵守不同规范体系的社会个体、群众之间的冲突，也容易引发社会个体、群体在选择不同规范时候的内部冲突。第六，民主化过程中政府转型时期出现的腐败问题。一些资源和权力的垄断者利用转轨时期的体制漏洞，大搞钱权交易，以权谋私，严重破坏了党风、政风和社会风气。特别是在建设工程领域、公检法、教育、组织人事领域、医疗五大领域引起的腐败问题很可能成为引发社会动乱的重要因素。第七，信息化背景下社会风险的聚集与扩散。信息化社会的"去中心"和"去权威"使得网络社会失去监督与责任，给网民的情绪的宣泄提供了场地和机会，常常会造成信息失真、谣言肆起，被操纵的信息会导致负面观点和情绪的扩大、发散，造成公众对风险的过度关注和不必要的恐慌，这种大范围的社会紧张和恐慌容易演化为严重的社会风险。第八，全球化背景下的国际影响和多重风险。现代化的过程也是全球化和一体化的过程，社会风险的根源与造成的影响不再限制于传统的民族国家疆界之中，他国内部的灾难很可能酿成世界性的严重问题；另外，发达国家抑制发展中国家崛起的经济政治制裁手段，容易引发发展中国家国内的社会矛盾与经济危机。第九，现代社会发展中的传统与非传统风险。我国除了面对自然灾害等传统风险，也面对一些经济利益驱动下的非传统风险，包括食品安全、生产安全等风险，城市的高速发展也导致交通安全、社会治安等风险事件的快速增加。①

二、社会转型期的社会心态

除了社会转型风险集中显现的客观现实以外，人们的社会心态也逐渐发生变化。社会心态一直没有一个统一的概念和测量方式。杨宜音（2006）将社会心态定义为一段时间内弥散在整个社会或社会群体、社会类别中的宏观社会心境状态，是整个社会的情绪基调、社会共识和社会价值的综合。② 这种定义在学界的接受度较高。社会心态不同于个体心态，是一种集体心态，受社会结构和社会发展的影响。社会心态是某一个特定时代、某一社会在其特定的国际、国内的经济、政治、文化等现实因素的作用下，经由以有组织的或无组织的社会群体为主的社会成员之间的相互作用而形成并且不断发展、变化，包括情绪、感受、认识、态度、观点等多方面内容，并带有一定社会普遍性的共同性心理状态和发展态势。社会心态在改革开放前后，尤其是进入互联网时代后发生了明显的变化，在总体上存在阶层分化、多元困境等问题。

信任心态是社会心态中的重要一环，不信任心态是其孪生物。不信任的社会心态会增加人们对世界把握的不确定性，安全感不能得到满足，社会冲突增加。风险社会中，信任是一个无法忽视的重要变量。保罗·斯洛维奇在《风险感知对心理测量范式的思考》一文的末尾指出："当我考虑需要迫切研究的问题时，信任感排在首位。……理解信任感的本质以提高社会和制度的决策水平并重建这种至关重要的但却脆弱的品质，非常必要。"③其中，政治信任是风险传播所涉及信任中最重要的一个方面。政治信任指公民对政府或者政治系统将运作产出与他们的期待相一致的

---

① 丁烈云. 中国转型期的社会风险及公共危机管理研究［M］. 北京：经济科学出版社，2012：21-43.

② 杨宜音. 个体与宏观社会的心理关系：社会心态概念的界定［J］. 社会学研究，2006（4）：117-131.

③ ［美］保罗·斯洛维奇. 风险的感知［M］. 赵延东，等译. 北京：北京出版社，2005：167.

结果的信念或者信心，一般指民众对政治组织（如政党）、政府机构（政府、国会）、军队等的信任。公众对政治体系的信任是公众遵循政府政策的基础，对政治稳定与政治体系的顺利运转有着重大意义。然而，公民的"习惯性怀疑"，甚至"政府说什么都不信"，导致风险传播屡次失败。

政治学者对我国政治信任水平的研究数据结果显示，人们对政府的信任水平并非一直处于高位。赵大海等通过计算机辅助电话调查系统对我国34个大城市调查结果显示公众对政府信任满意度均不及格，低于公共服务公众总体满意度的平均水平，并且样本结果显示近年来公民对政府的信任水平有下降趋势。① 孟广天（2014）结合1990年到2009年20年间的8次全国代表性数据认为，在政府信任在转型期经历了复杂变化，总体来说略有下降。② 也有部分学者得出了相反的结论。肖唐镖和王欣（2010）的调查数据显示，1999—2008年间农村居民的政治信任呈上升趋势。③ 另外，我国政治信任呈现"中央—地方"层化现象，当下人民对中央政府的信任高于地方政府的信任，对政治体系执政能力的信任要高于为民执政意愿与品质的信任，存在"中央—地方"和"能力—意愿"双重差序信任格局，并且伴随着"行政—司法"的信任分化特征。

所以说，40多年的改革开放在带来国力强盛的同时，也带来了一定的社会分化、贫富不均、国际威胁等国内和国际问题，部分民众出现了不信任的政治心态，可能存在潜在的矛盾和风险。

三、新媒体使用加剧对社会的负面认知

转型期的中国是社会经济的黄金发展期，但矛盾也逐渐凸显。这些矛

---

① 赵大海，胡伟. 中国大城市公共服务公众满意度的测评与政策建议[J]. 上海行政学院学报，2014，15（1）：23-29.

② 孟天广. 转型期的中国政治信任：实证测量与全貌概览[J]. 华中师范大学学报（人文社会科学版），2014（2）：7-16.

③ 肖唐镖，王欣. 中国农民政治信任的变迁——对五省份60个村的跟踪研究（1999—2008）[J]. 管理世界，2010（9）：88-94.

盾和风险事故在网络虚拟社会得到了释放。有学者证明了社会转型风险越大，发生的重大网络舆论事件数量越多。① 网络虚拟社会成为社会转型风险的镜像。其重要原因在于不易提出的大众政治诉求在网络上得到了集中的释放。20 世纪 60 年代，美国学者亨廷顿研究发展中国家的政治参与模式，提出了大众政治模式，即"高水平和日益扩大的政治参与，与不断增多的政府救济金和促进经济平等以及在必要时维持较低的经济增长率同时举行"。② 亨廷顿继续解释到，这种模式的演化最终会导致"更多群体都参与政治并试图瓜分一个停滞不前或增长缓慢的经济馅饼，从而导致社会冲突的加剧和两极分化"。③ 导致社会动荡和冲突加剧的根本原因在于现代化进程中，社会经济的发展导致利益冲突，大众媒体的传播扩大了政治意识，拓宽政治参与面，但是政治制度的发展却不能适应这些变化，最终造成社会不稳定。因此，亨廷顿的社会理解重点在于经济制度、政治参与与社会制度之间的平衡关系。经济水平是社会形态的基础，当政治制度化的速度慢于政治参与和扩大的速度时就有可能催生社会不稳定。以亨廷顿的政治参与模式审视当代中国的政治参与模式可以发现，改革开放之后，互联网技术的发展给网络行动提供了机会。正是如此，人们可以网络参政，在网络上提出诉求，反映现实社会中的冲突矛盾，网络也逐渐成为一种常用的参政工具，映射着现实社会中的矛盾与冲突。

李普曼在《舆论学》中提出"拟态环境"的概念，认为随着现代化社会环境的复杂，人们没有精力也不可能对所有外部环境和事务进行直接实践，而是通过大众媒体所提供的信息获取认识。大众媒体提供的信息是经过层层筛选后的结果，并非"镜子式"的客观反应，然而公众并不了解内部运行

---

① 余红，李瑞芳. 互联网时代网络舆论发生机制研究[M]. 武汉：华中科技大学出版社，2016.

② ［美］塞缪尔·亨廷顿，琼·纳尔逊. 难以抉择：发展中国家的政治参与[M]. 汪晓寿，吴志华，项继权，译. 北京：华夏出版社，1989：24.

③ ［美］塞缪尔·亨廷顿，琼·纳尔逊. 难以抉择：发展中国家的政治参与[M]. 汪晓寿，吴志华，项继权，译. 北京：华夏出版社，1989：26.

机制，一般将大众传媒提供的"拟态环境"当作客观现实。社交媒体时代，把关减少，拟态环境与现实社更加相似。如彭兰所言："Web 2.0 使网络不再停留在传递信息的媒体这样一个角色上，而是使它在成为一种新型社会的方向上走得更远。这个社会不再是一种'拟态社会'，而是成为与现实生活相互交融的一部分。"①

社会变迁导致社会结构条件的变化，加深社会的分层，滋生社会矛盾；加上我国政治模式使得互联网成为群众反映意见、与政府沟通最简捷和便利的平台之一。网络逐渐成为现实中各种矛盾的集结地，各种危机的放大镜。网民使用网络常常能看到负面信息，容易生成对社会现实的负面认知。

如今政府努力营造清朗的互联网环境，依法加强了对互联网的管理和引导。但互联网平台仍然提供了广泛的信息，这些信息中有些是谣言，有些是诽谤，而网民接触到的内容会潜移默化地影响他们的社会认知。

与此同时，学者认为频繁接触传统媒体更容易对社会情境产生正面认知。有学者认为媒体能涵化受众的政治价值观。祝建华(2001)研究表明，受限媒体在政治动员与教育民众方面具有强大效果，对维持公众的高社会认知有积极意义。② 同样，以大学生作为样本的研究得出了相似的结论，传统报刊的使用与大学生的社会正面认知呈正向关系。③ 换句话说，经常接触传统大众媒体的公众更支持和信赖我国的政府。

鉴于此，网络社会实际上是现实社会的镜像，是一种社会映射，我国大众参与模式的政治形态使得社会存在的现实矛盾普遍在网络上有所反映。

---

① 彭兰. Web2.0 在中国的发展及其社会意义[J]. 国际新闻界，2007(10)：44-48.

② 祝建华. 中文传播研究之理论化与本土化：以受众及媒体效果的整合理论为例[J]. 新闻学研究，2001(68)：1- 21.

③ 王正祥. 传媒对大学生政治信任和社会信任的影响研究[J]. 青年研究，2009(2)：64-74.

第二节 "利他"与"利己"：媒体情境的功能

除了社会认知心理的影响外，表达心理同样是在线评论行为形成的关键。马斯洛指出，人本性带着某些心理需求，并努力使需求获得满足。当外部条件无法使欲望得到满足的时候，人们会压抑需求，当外部环境改变，需求变得可以满足的时候，人们会立刻行动。鉴于此，本书认为，人们存在通过网络评论就能获得满足的心理需求，新媒体情境让满足需求的行为实施变得简单，行动者便多了起来。

一、社交媒体时代的媒体情境

Web2.0技术与移动互联网的发展与普及使社会快速进入了社交媒体时代。从本质上看，从Web1.0阶段到Web2.0阶段的升级是互联网观念层面的革新。Web2.0的出现将编码权与解码权赋予网民，网民的身份从"旁观者"变身为"参与者"，这一改变对整个社会的意义深远。移动互联网的普及、网速的提升与网费的降低让"人物合一"成为可能，映射到移动终端的网民行为发生的时空更为自由，网民表达更加自由。社交媒体时代，网民拥有一个不同的媒体环境。

1. 低成本

随着移动互联网的发展，网络使用成本在不断降低。首先，技术使移动使用成为可能，且使用成本持续下降。PC互联网的使用终端多为难以移动的台式电脑，移动互联网时代的使用终端更替为手机、平板电脑（Pad）这样小巧灵活的电子载体，拥有更强的流动性。小巧轻便的终端，大容量的电池技术，广域的网络保证了人人可以24小时随时随地地连接网络。2015年工信部明确了电信业提速降费的目标，要求到2017年年底，全国所有地级以上城区家庭都要具备百兆光纤接入能力，4G网络全面覆盖城市和乡村；宽带速率上，直辖市和省会城市等主要城市宽带平均接入速率要达到 30Mbps，其他城市宽带平均接入速率达到 20Mbps；普及程度上，移动宽带人口普及率要达到中等发达国家水平(目前在 75% 左右)；资费水平上，手机流量和固定宽带平均资费水平将大幅下降。随后，三大运营商严格执行工信部的规定。这些政策保证了使用成本的下降。其次，大部分人都能承担网络终端的购买费用。手机价格远远低于电脑的价格，大部分人可以很简单地就拥有一部手机。CNNIC(中国互联网络信息中心)数据显示，截至 2020 年 6 月底，手机网民规模已经达到约 9.32 亿，ZDC① 检测数据显示，智能手机价格持续下降。最后，使用手机上网简单方便。相对于 PC 端，移动终端上网不需要学习鼠标的操控，只需要使用手指直接滑动屏幕即可获取新闻资讯；不需要学习拼音、五笔，或通过打字进行沟通，只需要语音便可以参与聊天；不需要繁琐的注册、资料设置、规则学习，只需要用手指确认便可以参与公众讨论，这些都是 PC 端无法做到的。

2. 低风险

虽然网络实名制已提上议事日程，但与现实社会相比较，匿名性仍然是网络从诞生起最明显的特征之一。匿名降低了网络表达的风险，给网民构建了一个相对安全、自由的表达环境。在这种环境下网民较少受到群体压力、道德规范和社会角色的约束，更可能直白地表达自己对他人和事件的看法。网民如果处在一种没有社会约束力的匿名状态，即使失去社会责任感和自我控制能力，也能在"法不责众"的心理支配下将自然的情绪宣泄变为本能的选择，展示最深层的"本我"，这为情绪化的舆论提供了有利的空间条件和心理条件。在匿名条件下，网民在网络公共论坛上私人的甚至是私密细节的自我暴露都显得非常自然。网民在社交平台上的"自我介绍"一样可能有更多的私人细节与个人展示，因为他们认为网络中一般没有人认识现实生活的自己。

---

① ZDC 是 ZOL(中关村在线)成立的"互联网消费调研中心"的简称。

3. 强关系

社交媒体的普及形成了线上强关系。社交媒体文化更多体现的是集群文化，人与人的连接更紧密，强联系关系如典型的社群与圈子文化。

与之前互联网上的论坛社区相比，社交网络平台上的网民更有群体意识、群体归属感与一致的行动能力。社群的成员从社群中获得更多情感性的、心理性的归属感，这种归属感已经直接超越了虚拟社会层面，一部分直接转化为现实关系。与此发展相同的是圈子文化。微博特别是微信的蓬勃发展，加快了中国社交媒体上圈子文化的兴起。圈子映射着现实社会的关系，在一定程度上复制着现实中的社会关系，匿名在圈子文化中似乎成了伪证。网络本身以打破现实社会圈子为目的，但社会化媒体的圈子文化反其道而行之，使人们重新回到了既有的社会圈子中，反而给圈子加上了更大的"枷锁"。这就意味着如果现实的利益与权力结构影响到了网络，那么在意见表达上圈子会加强一种服从性，抑制异质性。当然，圈子文化给人们带来的归属感能让人们安心留在圈子中。那么，网民表达心理会受到圈子文化的影响。

行为主义心理学指出，心理影响行为，行为和心理有密切的联系，心理是介于刺激与反应的中介环节，任何外显行为都在心理的支配和调节下产生。社交媒体带来的低风险、低成本以及社群/圈子的网络环境，让哪些心理容易通过行为获得满足呢？接下来使用社会交换理论进行进一步考察。

二、易满足心理需求的新媒体情境

1. 社会交换理论

社会交换理论解释了个体行为的动机，该理论指出"人际间的互动行为是一种过程，在此过程中各方参与者与对方展开活动的同时交换着有价值的资源"。① 人们的交换行为遵循着互惠原则，交换的物质不止物质回

---

① ［美］彼得·M. 布劳. 社会生活中的交换与权力[M]. 李国武，译. 北京：商务印书馆，1988.

报，还包括精神心理回报，比如支持、信任、自尊和威望等。Molm 等对此理论进行了进一步的解释，认为这种互惠行为是不需要与对方商量，也不需要确定何时、何地能获取何种回报的单方面付出行为。① 网民撰写评论或者点赞转发行为本身可以看作是一种网络社会的互惠行为。撰写评论是一种信息提供，点赞是情感支持，转发则两者兼有。书写或者点赞、转发行为的同时，实际上无法预测能够获取的回报，本书认为网民的网络表达行为可以使用社会交换理论解释。

人们之所以会进行社会交换的核心在于个体进行互惠行为之前会理性地对付出后所得到的利益以及可能的成本进行核算。人们在进行评估之后，只有认为利益大于付出的成本的时候才会进行互惠行为。Ellison 等人研究人们在 Facebook 上的互相帮助、提供信息的行为，将个体付出的资源，比如时间或者书写的精力，可能获得负面的评论设为付出的成本变量，将得到的情感支持和信任等设为利益变量。他们认为有着更高的社会资本的网民有更多的付出行为，因为他们会获得更多的信息、支持和网络人脉。② 因此，人们是否会进行在线评论行为的一个重要变量在于利益是否大于成本。

如上文所述，社交媒体使用成本低、低风险、强关系的特征将改变表达成本与获取的利益，同时影响着表达行为。Jang 等人的研究能给人一些启示。他们对人们友善的在线评论行为动机进行了研究，将情感获得、自我表达、在线社会陪伴视作得到的利益，将付出的时间等视作成本，并且设置感知网络价值(perceived net value)变量，将利益与成本同时纳入此变量，结果发现网民的部分利益和焦虑通过感知网络价值的中介作用影响网络的善意表达行为。③

① Molm L D, Takahashi N, Peterson G. Risk and Trust in Social Exchange: An Experimental Test of a Classical Proposition[J]. American Journal of Sociology, 2000, 105(5): 1396-1427.

② Ellison, N. B., Gray, R., Lampse, C. Social Capital and Resource Requests on Facebook[J]. New Media and Society, 2014, 16(7), 1104-1121.

③ Jang Y J, Kim H W, Jung Y. A Mixed Methods Approach to the Posting of Benevolent Comments Online[J]. International Journal of Information Management, 2016, 36(3): 414-424.

网民通过表达可以满足多种心理需求，比如从众心理、好奇心理、娱乐心理以及认同心理等。因为网络情境的改变，其中一些心理更容易通过在线评论行为得到满足，即付出更低的代价，获得更高的利益。因此本书使用定性访谈的方式，尝试研究这些心理。

2. 心理需求的质化研究

作为探索性研究，使用访谈的方法得到相关在线评论心理因素。在目标文本中探索相关联的因素并且推断其中关系的时候，访谈法是合适的。本书采取滚雪球的方法招募受访者，先从几个适合的调查对象开始，通过他们获得更多符合总体要求的调查对象，进一步扩大样本范围。滚雪球的抽样方法属于非概率抽样，定性研究常使用非概率的抽样方式，因为与研究目的联系紧密的样本会提供更好的文本数据。

首先招募 6 名经常在网上公开表达意见的学生，他们表示在不久之前在网络上发表过有关风险事件的公开评论。然后这 6 名学生又提供了 30 名和他们一样有过在线评论经验的样本学生，其中一名因故取消既定采访，最终共有 35 名样本学生参加了本次定性访谈。35 名受访者活跃在天涯、李毅贴吧、新浪微博、朋友圈、强国论坛、头条新闻、网易新闻、搜狐新闻以及腾讯新闻等社交媒体上。35 名受访者中，男性 21 名（60%），女性 14 名（40%）；学生 18 名（51.4%），企业职工 8 人（22.9%），媒体人 5 名（14.3%），其他 4 名（11.4%）；平均年龄 27.4 岁。采取一对一访谈形式，其中 13 名进行了面对面访问，12 名进行网络访谈（使用微信或者 QQ），9 名进行电话访谈，访谈时间 15~30 分钟，访谈以半结构式为主，预先拟定访谈大纲，并根据具体情境与受访者答案，随时调整发问内容，尽量让受访者能畅所欲言，研究者可以介入。访谈主要围绕以下问题展开：①你是否在网络上对风险事件进行过在线评论？②通过评论行为你觉得你能获得何种利益？③在考虑了评论风险和成本后，你依然愿意评论的原因是什么？

对所有的访谈纪录进行文本转化后，依据这些一手资料进行开放式编码，3 位编码者参与了此次编码，其中一名编码者并未参与原始资料的收集。3 名编码者在反复阅读文本资料后，尽量不带任何预设和偏见的对原始资料逐词编码，逐词编码适合整理档案文件或者网络数据，对每一文本进行心理因素标记，随后尽量将类似的标记组织在一起，反复执行直到提取相异质的因素。

删去不相关的回复，以代表一个意思的文本为单位，从 35 名受访者的回答中共获得 103 条回复。以"媒介环境的成本/获利与心理"为中心获取相关回复 82 条，最终概念化为 4 个因素。每两名编码员间一致性分数的平均分为 0.88。

表 4-1 显示了四种心理以及回答文本样例，其中情绪满足 28 条（34.1%），社会贡献共 20 条（24.4%），自我认同共 18 条（22%），社会陪伴 16 条（19.5%）。自我认同、获得认同属于自我利益，社会贡献、社会陪伴属于社会利益。

表 4-1 评论心理描述

概念化因素	回答举例	出现频数（百分比）
情绪满足	骂出来很解气啊……有的人可能不敢骂，帮他们一起解气，哈哈	28(34.1%)
社会贡献	有的事情我知道点内情，分享给网友也让他们了解些真相……但是实名我是不敢说了，我还要混，你懂的	20(24.4%)
获得认同	被点赞当然会开心……平时我倒不是一个冒尖的人……反正没人认识我	18(22%)
社会陪伴	是的，我写之前肯定参考别人的……网民是一伙的嘛，都是老百姓	16(19.5%)

第三节　现实情境对在线评论行为影响的实证研究

一、社会情境认知与在线评论意愿

网民在线评论是网络舆论表现形式的一种，研究者建立了社会现实—网络表达的关系路径。他们认为社会结构剧烈调整是网络舆论爆发的根本原因。余红等人的实证研究证实了 1998—2009 年十年间，经济领域风险、政治领域风险、社会领域风险与自然领域风险等和网络舆论数量的相关性。[①] 余秀才（2010）认为社会环境的剧烈变化造成了众多的社会利益纠葛和矛盾，社会本身的弹性机制对利益与矛盾压力形成反抗，网络舆论是这种话语抗争的表现。[②] 丁方舟（2015）指出转型期的社会变迁是中国网络行动产生的前置结构动因。[③]

在线评论行为是一种被动生产，即先有信息刺激，再产生评论行为，评论存在于判断之后。换句话说，评论是行动者接受信息后，结合经验和认知进行判断后的传播行为。因此，不同于直接作用于社会现实情境的网络舆论事件的表达，认知心理成为信息与评论行为之间的中介变量。本书提出社会情境—网络表达—社会认知—在线评论行为的形成路径。具体来说，剧烈变动的现实社会环境导致网络负面舆论剧增，这是研究者已论证的关系，通过网络认识社会的人们产生社会环境恶劣的负面认知，当面对风险信息时，容易产生负面判断，影响在线评论行为。

除此之外，批判性公民的概念围绕政治信任这种认知展开，也可以从侧面论证认知与反馈的联系。诺瑞斯受英格尔·哈特的"后物质主义价值观"启发，提出"批判性公民"的概念，认为发达工业社会涌现出一批权利

---

① 余红，李瑞芳. 互联网时代网络舆论发生机制研究[M]. 武汉：华中科技大学出版社，2016：56-61.

② 余秀才. 网络舆论传播的行为与动因[D]. 武汉：华中科技大学，2010.

③ 丁方舟. 中国网络行动的动因、过程与影响[D]. 杭州：浙江大学，2015.

意识浓厚、自我表达和政治参与意愿强烈的年轻一代，他们对政府的期望和要求高，用更高的标准批判政治体系，不断挑战政府权威。中国的年轻一代，认为中国的政治信任与经济发展关系紧密，随着经济社会的发展，中国也会涌现出越来越多的批判性公民。在政治信任领域，批判性公民的出现源于公民对政治体系的认同从原来的政治体系提供物质产品与服务，逐渐转向为政治体系运转的透明度、合法度是否符合公民基本权利实现方面。政府的物质产出与信任水平的相关性逐渐降低，高层次的需求与信任水平的相关性逐渐升高。政府有限的能力无法满足全体公民的期待，造成公民期望与现实能力之间的巨大差异，形成舆论压力。研究者认为政府信任与网络表达互为相关，批判性公民对政府和其他权威的服从性降低，对政府持有怀疑态度和批评眼光，他们通过媒体表达不满，这种表达行为反过来影响其他公民的观点和行为，从而降低公民的政治信任水平。张香萍(2014)集中研究了谣言这种网络网民表达，认为对有关机构的不信任诱发网络谣言的广泛传播与接受。① 谢秋山和许源源(2012)等通过中国综合社会调查(Chinese General Social Survey，CGSS)2010年相关调查数据进行逻辑回归，发现"央强地弱"的政治信任结构与抗争性利益表达之间存在显著性正向相关关系，当有利益诉求的群体遇到矛盾纠纷和利益受损时，因想更高效地引人注意，从而求助在网络上公开表达诉求以获得舆论支持。② 还有学者指出，网民的表达意愿与网民的政治制度之间存在正相关关系，提高政府的公信力能够促进网民参与政治表达。③ 因此，本书认为，对政治的不信任会增加负面网络评论的意愿。

基于此，转型期的中国产生了一系列的社会风险与社会矛盾。这些矛盾与冲突集中在网络社会上得到了释放，网络社会凸显了现实的矛盾。而

① 张香萍. 网络谣言的治理机制——基于信任危机与表达狂欢的视角[J]. 中州大学学报，2014(6)：68-72.

② 谢秋山，许源源. "央强地弱"政治信任结构与抗争性利益表达方式——基于城乡二元分割结构的定量分析[J]. 公共管理学报，2012，9(4)：12-20.

③ 郑建君. 政治信任、社会公正与政治参与的关系——一项基于625名中国被试的实证分析[J]. 政治学研究，2013(6)：61-74.

人们通过网络获取现实社会情境的认知，深刻影响着在线评论行为。因此，本书提出如下假设：社交媒体时代，人们对社会情境的认知影响在线评论意愿。

二、媒介情境中的心理满足与在线评论意愿

本书第二节以社会交换理论为基础，认为在线评论行为可以看作是一种网民的社会互惠行为，人们之所以会进行社会交换，核心在于个体进行互惠行为的同时会理性地对于得到的利益以及可能的成本进行核算，只有认为利益大于成本的时候才会进行互惠行为。从质化访谈中发现，"情感满足""社会贡献""获得认同"和"社会陪伴"四种获利心理可能影响人们的表达行为。依据社会交换理论，定义一个新的变量：网络感知价值，即网民根据获得的利益与付出成本的评估结果决定是否进行互惠行为。那么，获利并非直接影响网络表达行为，而是通过网络感知价值间接影响表达行为，形成"利益—评估价值—表达"的作用路径。除此之外，四种心理是否能够直接作用于网络表达行为呢？Margolis 的社会选择理论可以对此进行解释。

Margolis(1984)认为微观经济学的理性选择理论无法完全解释公民的投票等行为，提出人们的社会行为依据三条路径，分别是理性、利他和利己。[①] 根据他的定义，评估利益与成本之后的行为属于社会选择中的理性行为；利他行为指为了他人获利而不求或者不期待回报的行为；利己行为指为了满足自我需求和利益的个人行为。首先网络感知价值属于理性行为，直接引起在线评论行为，即通过理性评估后，若认为在线评论仍有价值，则会引发网络表达行为；四种获利心理分别对应着两种社会选择行为：社会贡献与社会陪伴是一种利他行为，而情感满足、获得认同更偏向于利己行为。因此，本书认为网络感知价值与四种获利心理直接影响在线评论行为。

综上，以社会交换理论与社会选择理论为框架，将质化研究得出的四

---

① Margolis H. Selfishness, Altruism, and Rationality [J]. University of Chicago Press Economics Books, 1984, 10(1): 624-626.

种心理需求变量，即"情感满足""社会贡献""获得认同"与"社会陪伴"与在线评论行为之间建立了联系，同时建立了网络感知价值变量，假设心理变量通过两条路径作用于网民在线评论行为，即对在线评论的直接效应和通过网络感知价值的间接效应。

三、实证检验

社交媒体改变了网民的社会认知(社会环境认知、政治信任心态)，使心理需求(情绪满足、社会贡献、获得认同、社会陪伴)容易满足，这些因素同时影响着网民的在线评论行为。本节采用实证研究方法进行考察，通过建立SEM模型考察自变量、中介变量与因变量之间的关系。如图4-1所示。

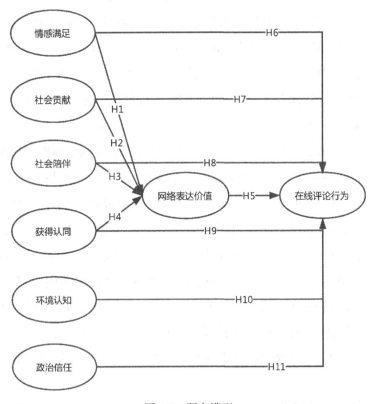

图4-1 研究模型

1. 提出假设

根据前文的叙述，提出以下假设：

H1：情绪满足心理与网络感知价值存在相关；越觉得有能满足情绪，感知价值越高。

H2：社会贡献心理与网络感知价值存在相关；越觉得有社会贡献，感知价值越高。

H3：社会陪伴心理与网络感知价值存在相关；越觉得有社会贡献，感知价值越高。

H4：获得认同心理与网络感知价值存在相关；越觉得有社会贡献，感知价值越高。

H5：网络价值感知与在线评论行为存在相关；感知能力越强，在线评论意愿越高。

H6：情绪满足心理与在线评论行为存在相关；越觉得能满足情绪，在线评论意愿越高。

H7：社会贡献心理与在线评论行为存在相关；越觉得有社会贡献，在线评论意愿越高。

H8：社会陪伴心理与在线评论行为存在相关；越觉得是社会陪伴，在线评论意愿越高。

H9：获得认同心理与在线评论行为存在相关；越觉得能获得认同，在线评论意愿越高。

H10：社会环境认知影响在线评论行为。

H11：政治信任影响在线评论行为。

2. 概念的操作化

在变量的测量上尽量采用已经存在的量表，先使用两轮预测试的 EFA 和 CFA 对量表进行分析，再根据数据结果进行修改。

3. 变量测量

社会环境认知：社会风险可以分为五个领域，即经济、政治、社会、自然环境和国际环境，余红和李瑞芳（2016）在宋林飞 1995[①] 年和 1999[②] 年的指标体系的基础上对社交环境测量进行了调整，提出了 13 个测量指标。[③] 本书基于 13 个指标作调查，最终认为社会环境认知的测量包括三个领域——政治、经济和社会环境，均使用李克特五点量表(1~5 分)进行测量。

政治信任认知：西方的政治信任的测量包括三类量表，一是对现任政府的信任，测量公众对现任政府的绩效、胜任力和动力指标；二是对政治体制的信任，集中测量公众对政治体制的有效性、公正性、合法性指标；三是政治社群的信任，主要对公众的国家荣誉感、认同质感等指标进行测量。国内的政治信任测量主要以机构信任与体制性信任测量为主。机构测量法是最常用的测量方法，询问受让人对各级政治机构的信任度，存在具体的政治机构，使得量表有更好的效度和信度，并且消除了信任量表存在的操作化内生性问题。还具有跨国可比性，适应跨国比较。因此采取机构信任测量表进行政治测量。要求被调查者对以下组织的信任程度从 1~5 进行打分，1 分是最不信任，5 分是最信任。测量组织机构包括"中央政府""地方政府""法院检察院等司法机关"。

情感满足：分别使用"在网上质疑不可靠言论让我感到开心""在网上指责无责任心报道让我感到满足""在网上质疑充满矛盾的信息让我感到舒畅""在网上指责不足让我感到满足"测量"情感满足"程度，以上问题均使用李克特五点量表(1~5 分)进行测量。

---

① 宋林飞. 社会风险指标体系与社会波动机制[J]. 社会学研究, 1995(6): 90-95.

② 宋林飞. 中国社会风险预警系统的设计与运行[J]. 东南大学学报, 1999(1): 69-76.

③ 余红，李瑞芳. 互联网时代网络舆论发生机制研究[M]. 武汉：华中科技大学出版社，2016：56.

　　社会贡献：分别使用"我觉得网民舆论监督能够促进政府的工作""网民提供的信息可以帮助挖掘不公平的事情""网民的力量可以帮助弱者"测量"社会贡献"程度，以上问题均使用李克特五点量表(1~5分)进行测量。

　　社会陪伴：分别使用"和网民在一起很安心""参与网络发言让我觉得是社会的一分子""和其他网民保持一致感让我不孤独"测量"获得认同"程度，以上问题均使用李克特五点量表(1~5分)进行测量。

　　获得认同：根据已有的网络表达认同量表稍加修改进行测量，[1] 分别使用"在网络空间中，我喜欢让别人知道我的观点和看法""我希望我的博客/微博/帖子等被人关注""如果我的发言获得高的点击量、点赞量或转载量，我会很有满足感"测量"获得认同"程度，以上问题均使用李克特五点量表(1~5分)进行测量。

　　中介变量：网络感知价值：网络感知价值的测量对 Jang 等人设计的量表进行本土化修改，[2] 分别使用"考虑在线评论的可能风险后，在线评论是有价值的""考虑在线评论所需的成本后，在线评论是有价值的"测量"网络感知价值"，以上问题均使用李克特五点量表(1~5分)进行测量。

　　因变量：在线评论行为，即考虑到行为成本与发生频率，包含点赞、转发行为作为在线评论行为的测量指标。分别使用"发生突发事件时，我会撰写或者给我认同的质疑帖点赞(或转发)""发生突发事件时，我会撰写或者给我认同的批评帖点赞(或转发)""发生突发事件时，我会撰写或者给尖锐的实话贴点赞(或转发)""发生突发事件时，我会撰写或者给我认同的负面报道贴点赞(或转发)"测量在线评论行为，以上问题均使用李克特五点量表(1~5分)进行测量。1分表示非常不同意，5分表示非常同意。

　　控制变量：因为年龄、性别与收入可能影响网民在线评论行为，对这

　　① 余红，李瑞芳. 互联网时代网络舆论发生机制研究[M]. 武汉：华中科技大学出版社，2016：86.

　　② Jang Y J, Kim H W, Jung Y. A Mixed Methods Approach to the Posting of Benevolent Comments Online[J]. International Journal of Information Management，2016，36(3)：414-424.

些变量进行控制。

4. 数据收集

本书研究中的因变量是网民在线评论行为，因此本书的研究对象的总体是中国网民，采取网络发放问卷的形式进行抽样，这种便捷的抽样方式比起概率抽样来说，牺牲了样本的代表性，所以此次样本并不能够代表中国的网民总体，为了弥补抽样中的缺陷，使用加权的方式使得样本的分布尽量与中国网民总体样本相符合。

笔者的调查于 2017 年 4 月开始。首先以学生为样本进行了两轮预测试，分别收集了 128 份问卷和 97 份问卷。通过这些样本，剔除了效度较低和共性较高的问答后，确定了最终的问卷，并通过网络问卷的方式进行发放。2017 年 5—6 月，采用网络问卷的方式，同时在朋友圈、贴吧、新浪微博、天涯论坛、凯迪社区、知乎网、果壳网等地发布问卷链接，邀请网友自愿进行回答。

对于收集到的样本设置指标进行剔除，剔除了重复 IP 回答，答题时间少于 3 分钟的问卷，通过人工浏览的方式，剔除了明显随意答题的问卷以及在一些变量填写上明显不符合实际情况的问卷，最终收集有效问卷 688 份，平均答题时间 8 分钟。根据马德勇等人的网络调查信度作为判断依据，认为此次调查样本的可信度可以接受。一是在没有强迫的前提下，如果网民花费 5~10 分钟的时间回答问卷，那么他应该是认真作答的。二是在无任何收益的情况下仍然花费时间进行答题，那么回答应该是认真的。三是由于答题者并不直接面对受访者，他们可能不像面访时那样存在戒备心理，因而可能会更容易坦诚地表达自己的想法。当然，这种抽样方法显然遗漏了不愿答题的群体，目前尚无法了解这一样本群与答题者样本群在哪些方面存在差异(马得勇、王丽娜，2015)。

688 个样本中，男性 379 人(55.1%)，女性 309 人(44.9%)，平均年龄 29.04 岁。教育水平上，大学本科生占有最大的比率，达到 208 人

（30.2%）；收入水平上，收入在 5000 元以下的为 125 人（18.2%），5000~
1 万的为 145 人（21.1%），1 万~2 万的为 85 人（12.4%），2 万~4 万的为
125 人（18.2%），4 万~6 万的为 133 人（19.3%），6 万~10 万的为 92 人
（13.4%），10 万~20 万的为 24 人（3.5%），20 万~50 万的为 2 人（.5%），
50 万以上的为 2 人（.5%）。可见，样本中以学生群体为主，学历较高，年
龄偏小。

5. 数据分析与结果

（1）描述性分析结果

①社会环境认知：为了直观了解样本网民对社会环境的认知和政治信
任水平，使用李克特五点量表（1~5 分）进行了测量，1 分表示负面认知以
及不信任，5 分表示正面认知以及非常信任。具体得分情况如表 4-2 所示。

从表 4-2 的统计分析结果可以看到，在政治环境认知方面，政府效率
方面为 2.29（SD = 0.78）；在经济认知方面，网民认为我国的贫富差距为
1.63（SD = 0.64）；而在社会环境认知方面，网民认为我国的环境污染为
1.73（SD = 0.66）。

表 4-2　变量描述性统计

		Mean	SD	N
社会环境认知	政府效率	2.29	0.78	688
	贫富差距	1.63	0.64	688
	环境污染	1.73	0.66	688
政治信任	中央政府	3.76	0.92	688
	地方政府	3.26	0.85	688
	司法机关	3.59	0.92	688

在政治信任方面，相对于社会环境认知，本次调查的样本网民对我

国的政治信任程度尚可，特别是对中央政府的信任度较高（M = 3.76，SD = 0.92），其对司法机关的信任程度也令人满意（M = 3.59，SD = 0.92），对地方政府的满意度则稍低（M = 03.26，SD = 0.85），政治信任仍然呈现了"中央—地方"层化现象，当下对中央政府的信任高于地方政府的信任。高的政治信任与近年来中央政府的强势反腐工作密切相关，纪检委的重拳出击，"大老虎"的不断落马，高悬的问责利剑增加了网民的政治信任。

②网民心理需求，如表 4-3 所示。情感满足心理：网民情绪发泄的对象更多是媒体，如报道的无责任（M = 3.58，SD = 0.96），报道中的矛盾信息（M = 3.44，SD = 0.88），其次是风险相关的专家（M = 3.51，SD = 0.81），最后才是政府，通过指责满足情感需要的倾向与其他相比低了很多（M = 2.70，SD = 0.90），从侧面说明我国网民在对政府进行负面表达的同时会衡量责任后果。

社会贡献心理：网民们对网络的效能感较高，认为网络表达可以促进政府工作（M = 3.86，SD = 0.80）、挖掘不公平事情（M = 3.83，SD = 0.76）、帮助弱者（M = 3.75，SD = 0.78）。可见，在突发风险事件发生时，网民认为在新媒体上的表达和行为可以促进真相的浮现，倒逼政府的行动，帮助利益受损者，因此网民认为网络是网民进行社会贡献的工具。

社会陪伴心理：网民利用网络进行社会陪伴。他们会参考其他网民的发言（M = 3.04，SD = 0.9），保持发言的一致性，并且通过网络发言能让他们觉得是社会的一分子（M = 3.04，SD = 1.01），不会感到孤独和排斥（M = 2.97，SD = 0.98）。

获得认同心理：除了匿名使得网民将不宜展露的想法和观点放在网络上，圈子/社群文化使网民的发言也可以扩展现实社会的认同感，网络同时也给网民提供了转发、获得赞等感知认同的便捷手段。一般网民对暴露自己的观点较为保守（M = 2.95，SD = 0.98），但仍然希望受人关注（M = 3.24，SD = 0.90）以及得到肯定（M = 3.57，SD = 0.95）。

表4-3　心理变量描述性统计

		Mean	SD	N
情感满足	怀疑专家获得满足	3.51	0.81	688
	质疑报道获得满足	3.44	0.88	688
	发泄不满获得满足	3.58	0.96	688
	指责政府获得满足	2.70	0.90	688
社会贡献	舆论监督促进政府工作	3.86	0.80	688
	网民信息挖掘不公平的事情	3.83	0.76	688
	网民力量帮助弱者	3.75	0.78	688
社会陪伴	和网民在一起很安心	3.04	0.90	688
	在网络发言让我觉得是社会的一分子	3.04	1.01	688
	和其他网民保持一致感让我觉得不孤独	2.97	0.98	688
获得认同	我喜欢让别人知道我的观点和看法	2.95	0.90	688
	我希望博客/微博/帖子等被人关注	3.24	0.93	688
	高点击(点赞)量或转载量让我有满足感	3.57	0.95	688

③在线评论行为。从结果可以发现，网民对政府和有关部门的批评和指责行为更为欢迎（M=3.41，SD=0.89），其次网民较为认可的有质疑帖（M=3.51，SD=0.88）和尖锐的实话帖（M=3.23，SD=1.03），网民对负面帖的反馈稍低（M=2.96，SD=1.03）。如表4-4所示。

表4-4　在线评论行为描述性统计

		Mean	SD	N
在线评论行为	质疑帖	3.51	0.88	688
	批评帖	3.41	0.89	688
	负面帖	2.96	1.03	688
	实话帖	3.23	1.03	688

（2）结构方程模型检验与结果

进入 SEM 模型之前，使用 SPSS 进行验证性因子分析（EFA），使用最大方差法进行因子旋转，KMO = 0.789，巴特利特检验近似卡方值为 6078.63，概率 p = 0.00，适合因子分析。抽取特征值大于 1 的因子，最终抽出 8 个因子，共解释 61.94% 的方差变异。因子分析如表 4-5 所示。

表 4-5　因子分析

	1	2	3	4	5	6	7	8
			在线评论行为					
批评	0.774							
负面	0.755							
质疑	0.719							
尖锐	0.709							
指责	0.363							
			社会环境认知					
贫富差距		0.778						
效率		0.759						
环境污染		0.730						
			政治信任					
司法			0.854					
省级			0.804					
中央			0.783					
			社会贡献					
挖掘事件				0.809				
帮助弱者				0.782				
促进工作				0.773				
			他人认同					
被关注					0.873			

续表

	1	2	3	4	5	6	7	8
满足感					0.779			
看法观点					0.661			
情感满足								
质疑						0.798		
不满						0.708		
表达怀疑						0.697		
网络价值感知								
风险价值							0.788	
成本价值							0.761	
表达价值							0.515	
社会陪伴								
社会一员								0.803
感到安心								0.611
不孤独								0.352
特征根	5.248	2.878	2.061	1.778	1.600	1.356	1.127	1.031
解释变异	17.494	9.594	6.869	5.926	5.333	4.522	3.758	3.438

删除了载合较低的两个题目(指责政府、不孤独)后,将数据纳入结构方程模型,进行 CFA 验证。结果如表 4-6 所示。

表 4-6 CFA 验证结果

潜变量	每个题目的标准因子载合	AVE	CR	Cronbach's
社会环境***	0.80, 0.84, 0.57, 0.50	0.48	0.78	0.78
政治信任***	0.92, 0.77, 0.61	0.60	0.82	0.803
情感满足***	0.76, 0.64, 0.56	0.43	0.70	0.81
社会贡献***	0.80, 0.74, 0.65	0.54	0.78	0.79

续表

潜变量	每个题目的标准因子载合	AVE	CR	Cronbach's
社会陪伴***	0.57, 0.50	0.28	0.44	0.84
他人认同***	0.86, 0.75, 0.57	0.54	0.78	0.8
网络价值感知***	0.75, 0.55	0.43	0.60	0.84
在线评论行为***	0.78, 0.86, 0.55, 0.52	0.48	0.78	0.76

内部一致性系数阿尔法均超过 0.7，信度佳；大部分的因子载合超过 0.7，所有因子路径系数超过 0.5，并且潜变量与路径全部显著。接着对收敛效度（Average Variance Extracted，AVE）与建构信度（Construct Reliability，CR）进行检验，收敛效度使用公式 $AVE = \sum\lambda/n$ 计算得出（n 为某因子中的题目数；λ 为因子负荷值），建构信度使用公式 $CR = \sum\lambda/\sum\lambda + \sum\delta$（δ 为每道题目的误差变量所解释的变异）计算得出。AVE 超过 0.5 表示有较好的收敛效度，超过 0.4 表示可以接受；CR 超过 0.7 表示有较好的建构信度，超过 0.6 表示可以接受。除了社会陪伴潜变量的收敛效度和建构信度不佳，其他因子的效度和信度均佳。

随后使用 AVE 法对潜变量之间的区别效度进行评估，如果潜变量收敛效度的平方根大于其与其他潜变量的相关系数，那么可认为其具有好的区别效度。如表 4-7 所示，潜变量的平方根均大于与其他潜变量之间的关系，并且潜变量之间的关系系数并未超过 0.6，认为模型潜变量之间的区别效度佳。

表 4-7　潜变量区别效度

	社会环境	政治信任	社会贡献	社会陪伴	他人认同	感知价值	情感满足	在线评论
社会环境	0.69							
政治信任	0.419	0.77						
社会贡献	-0.143	0.055	0.73					
社会陪伴	-0.222	-0.217	0.519	0.53				

续表

	社会环境	政治信任	社会贡献	社会陪伴	他人认同	感知价值	情感满足	在线评论
他人认同	-0.152	-0.018	0.200	0.451	0.73			
感知价值	-0.135	-0.128	0.317	0.473	0.289	0.66		
情感满足	-0.164	-0.002	0.295	0.236	0.436	0.262	0.66	
在线评论	-0.239	-0.088	0.259	0.317	0.340	0.340	0.557	0.88

接下来检验结构方程模型，结果如图 4-2 所示。模型拟合考察了 4 个

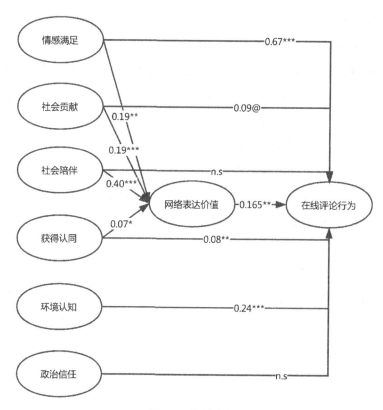

图 4-2 统计结果

$\chi^2 = 668.72$, df = 255, $\chi^2/df = 2.52$, p=0.000, CFI = 0.92,

IFI = 0.91, RMSEA = 0.062

指标：模型卡方统计、增值拟合指数（IFI）、比较拟合指数（CFI）、近似误差均方根（RMSEA）。首先，为了避免样本量产生的偏差，使用卡方自由度之比进行测量，小于 3 较好，小于 5 可以接受；其次 RMSEA 值显示模型与总体之间的拟合度，低于 0.05 则认为拟合完美，低于 0.08 是可以接受的。最后，CFI 和 IFI 将零模型与假设模型进行比较，表明假设模型的拟合优越度，两个值高于 0.90 是可以被接受的，这个标准在学界普遍被接受。本模型均达到以上要求，模型 χ^2 = 668.72，df = 255，卡方自由比为 2.52，拟合较好，CFI = 0.92，IFI = 0.91，RMSEA = 0.062，均可以接受。

结构方程模型的结果支持了绝大多数的研究假设。H1、H2、H3 和 H4 均成立，表明越能满足情感满足心理、社会贡献心理、社会陪伴心理和获得认同心理，越觉得在线评论是有价值的；H5 成立，表明在评估成本与风险以后，越是认为评论仍然有价值的，越可能进行评论行为。在媒体环境释放的心理因素方面；H6 成立，说明评论越能满足情感需求，越可能进行评论行为；H9 成立，说明越觉得评论能获得认同，越会尝试评论行为；H7 边缘显著，说明越觉得评论是一种社会贡献，则越会进行评论行为；H8 不显著，说明社会陪伴心理与评论行为之间无显著相关关系；H10 成立，对社会环境越不满意，越可能在网络上表达；H11 不显著，说明政治信任与在线评论行为无显著关系。

(3)中介效应检验

结构方程模型显示，网民心理因素作用于公众的网络表达行为有两条路径：心理因素→在线评论的直接效应；心理因素→网络感知价值→在线评论的间接效应。为了比较直接效应和间接效应的大小，采取巴伦和肯尼（Baron，Kenny，1986）提出的方法进行中介分析。在控制性别以及年龄变量的基础上，分析情绪的中介效应。使用普利奇和海耶斯（Preacher，Hayes，2008）编制的 SPSS 中介效应 processmacro 程序进行统计分析。程序使用自举法检验中介效应，通过重复抽样使得估算值更加准确。程序会产生一个变量间接效应的95%的置信区间，若区间内不包括 0，则间接效应在 0.05 的水平上具有统计学意义。1000 次 bootstrap 的结果显示，情感满足心理通过网络感知价值显著作用于在线评论行为（直接效应 = 0.503，se = 0.040，LLCI = 0.4246，ULCI = 05813，间接效应 = 0.051，se = 0.015，LLCI = 0.0255，ULCI = 0.0835）；社会贡献通过网络感知价值显著作用于在线评论行为（直接效应 = 0.164，se = 0.043，LLCI = 0.080，ULCI = 0.249，间接效应 = 0.065，se = 0.017，LLCI = 0.037，ULCI = 0.111）；获得认同心理同样通过网络感知价值显著作用于在线评论行为（直接效应 = 0.283，se = 0.036，LLCI = 0.213，ULCI = 0.353，间接效应 = 0.05，se = 0.014，LLCI = 0.026，ULCI = 0.080）。

四、现实情境对评论行为的影响机制

本章对网民的现实情境认知与媒介情境释放的心理需求进行了剖析，并实证验证了认知与心理需求对评论行为的影响。

1. 社会认知影响网民在线评论行为

在线评论行为受制于政治、经济和社会等结构性因素。我国社会现阶段风险事件逐渐显现。转型中的结构性震动，特别是经济条件的改变，引发了社会分层的加剧，社会规范的变化以及社会心理的不稳定。经济快速发展的同时，政治制度发展却还未能及时随之调整到位，容易导致社会矛盾。互联网技术的发展与网络政策的逐渐开放，给个体行动者提供了政治参与的便捷渠道，网络成为中国公民参与民主和政治的重要工具之一。网民通过网络参与社会事务，网络也逐渐成为现实风险社会的一种镜像和释放，网络表达受到社会情境认知的直接作用和影响。数据描述层面显示，社会环境认知显著影响人们在线评论行为，网民对社会的认知越负面，通过在线评论行为发表意见（$\beta = -0.363$，$p < 0.000$）的倾向越高。网络空间的大众政治具有参与人群广泛和参与方式激进性的特点（孙卫华，2016）是一种制度框架外的自发性民主参与，部分的网络政治参与者具有低学历和低龄化的特征，他们的政治表达有时缺乏理性素养，网络的匿名化加深了群

盲化、极端化、娱乐化和民粹主义的趋势，这使得部分网民容易不加分析和思考，通过调侃、戏谑、反讽等段子表达情绪，这影响了网民对社会的正确认知。

弥漫着的社会心态同样影响着网络表达。政治信任心态是一种弥散在社会群体中的宏观社会心态，公民信任水平的高低不仅会影响政府的社会管理成本，更是决定风险传播是否高效的重要一环。一方面，随着社会经济的不断发展，公民对政府的要求和期望由物质保障转变为运行的合法与透明性，而政治体系的有限性难以完全满足这种高层次的需求，引起公民期望与政治能力之间的反差，消解公民对政治的信任。一批"批判性公民"涌出，他们积极参与社会治理，通过网络在公共领域试图影响政府的公共决策。换言之，批判性公民试图通过参与政治提高政府决策质量。另一方面，民众长期积累的对部分官员的不满和不信任社会心态导致"仇腐败""仇贪官"心态蔓延，当一个突发风险事件发生时，这些民众有时会不加思考地习惯性归因于政府官员的不作为，无视政府部门的澄清或者证言，这是对相关政府不信任的表现。数据在描述层面的结果反映出我国网民对政府机构的信任度尚可，但表现出央强地弱的政治信任现状，当前部分公众的政治不信任主要针对地方政府的部分公职人员与地方干部，而风险事件的爆发往往与地方基层政府部门关系紧密，因此修补民众对地方政府机构的信任是提高风险传播效率的可行途径。

2. 心理需求影响网民在线评论

Web2.0技术的不断发展与移动互联网的普及形成新的媒体情境，使评论行为更容易满足某些心理需求。网络与生俱来的匿名特征与移动互联网带来的便捷性，凸显了网络表达环境的低成本、低风险的特征，加上社群/圈子文化带来的线下线上的融合增加了获利可能，沉浸在此种表达环境中的网民心理得到释放，行为也随之改变。网民的在线评论行为本质上是一种互惠行为，根据社会交换理论，人们在进行互惠行为的时候，会理性地对成本与利益进行核算，只有利益大于成本的时候才会进行互惠行为，因此设定网络价值感知变量，即考虑到风险与成本，仍认为行为是有价值的。社交化媒体提供的网络表达环境影响着行为的获利与成本，通过质化研究，发现四种心理在新媒介情境中得到释放，分别是情感满足心理、社会贡献心理、社会陪伴心理与获得认同心理。另外，根据社会选择理论，人们的社会行为的发生沿着理性、利他和利己三条路径，这分别对应着四种心理需求与网络价值感知。因此，本书假设在新媒体情境中，四种网民心理需求通过两条路径作用于评论行为，即心理需求→在线评论行为的直接效应，以及心理需求→网络感知价值→在线评论行为的间接效应，688份问卷的数据基本证实了一种假设，即媒体情境的改变，使网民容易通过在线评论行为满足心理需求。

实证研究结果显示，情感满足心理（$\beta=0.67$，$p<0.000$）、社会贡献心理（$\beta=0.09$，$p<0.1$）、获得认同心理（$\beta=0.08$，$p<0.05$）显著影响在线评论行为，社会陪伴心理不显著。这与其他学者的研究结果相符合，余红等对大学生网络参与行为和心理的实证研究指出从众心理、获得认同心理显著与表达行为显著相关。从研究结果可以发现，相比利他（社会贡献和社会陪伴）因素，利己因素（情感满足）对网民评论行为的解释力度更大，回归系数最高，证明网民的评论行为仍然更依赖于通过抒发情绪，达到心理满足。除此之外，社会贡献心理的显著说明网民仍希望评论能有价值与贡献。获得认同心理的显著说明网民通过评论希望获取他人的关注，获得自我价值实现，是较高层次的心理需求。如果可以很好地利用此心理，可以使得社会中的正面价值观在社交媒体中赢得话语权。因为网民通过表达和转发正能量信息可以呈现更优秀的形象。

除此之外，网络感知价值显著影响在线评论行为（$\beta=0.165$，$p<0.01$），心理需求也通过网络感知价值显著间接影响在线评论行为。网络感知价值的关键在于利益与成本之差，行为价值的感知对行为的显著影响与中介效应从侧面验证了网络表达成本与在线评论行为关系密切。表达成本的降低带来的是对抗评论行为的活跃，表达成本的增加则会抑制评论行为的发生。表达成本的降低是媒体技术带来的人类社会的进步，

技术本身是无对错之分，需要抑制的是网络表达中的糟粕。实际上，圈子文化的发展与逐渐实名制化的网络有助于增加不实信息或者负面信息的传播成本，从而抑制不良信息的传播，促进正面信息的表达。"圈子文化"为主社交媒体映射着现实社会，随着社交媒体不断发展，网络已经从匿名化逐渐向实名制转变，从现实生活中毫无交集的疏离网络朝频繁彼此互动的强关系圈子网络发展，这约束着网络意见表达与传播。其次，创造良好的网络舆论环境则会增加恶性负面表达和转发者的行为成本，网民对发生网络行为后的焦虑是属于参与成本，这种社会焦虑主要来自于舆论的谴责与压力。对不良网络表达者的追责、谴责无疑会增加发帖者的焦虑感与行为成本。

本 章 小 结

本章着重考察现实情境、网民心理与在线评论行为的关系。结合质化访谈与结构关系模型的检验发现，在现阶段的社会环境下，人们通过互联网积极地参与社会治理，政府应积极应对并进行对话。

媒介情境的改变释放了网民心理，通过质化访谈发现网民存在四种心理需求：情感满足、社会贡献、获取认同、社会陪伴心理。这四种心理通过两条路径作用于在线评论行为，直接效应与通过网络价值感知影响在线评论行为的间接效应，说明网民的在线评论行为既是衡量利益与成本的结果，也是利己、利他或理性的行为。

第五章
在线评论的规制

风险事件因不确定性、未知性和建构性容易成为公共舆论的焦点，造成民众的恐慌和焦虑，并且引发一定程度的社会不稳定。由于公众的风险意识迅速提升，风险传播需从"仪式化沟通"走向"效率优先沟通"。社交媒体开发的在线评论功能，成为多元主体共同阐释风险、交换信息和观点的重要平台，也为研究者提供研究公民参与的可能，这也是一个被长期忽略的沟通环节。在风险传播中，在线评论能够给政府提供常人的风险经验信息，使风险决策更人性化。网民对风险信息的反馈式在线评论打破了政府或专家单一建构风险的格局，并且这种参与式反馈可能扭转信息重点、质疑准确、补充不足，影响更多的公众。但是，重大风险事件发生以后，因其开放性和易接触性，在线评论区经常沦为散布谣言、动摇人心的平台。因此，对其信息进行管理和规制显得尤为必要。但现阶段，由于研究视角的框限，大多数研究只是探究了网民参与表面折射出来的问题，而对背后存在的深层次的社会原因鲜有论及，理论建树上的贡献不足，直接导致很多研究沦为战术应用一类的指南。

在此背景下，本书并未沿用传统方式考察风险传播中的在线评论行为，而将社交媒体视作在线评论得以展开的行动情境，将在线评论行为视作现实和网络情境中的网民实践，从"情境—反应"的角度阐述两者之间关系，据此提出风险事件中的信息规制之道。

基于此，可以将当前风险议题下评论区的困境——"难管理、难引导"的破解方法从政策导向型管理手段转变为沟通型平台建构的暗引导手段。从现行管理手段的"删""堵"，转变为创造良性沟通情境。

第一节　理解公众参与风险沟通的逻辑

网民利用在线评论参与风险传播，发生普遍且数量不断递增，可见在线评论行为已经成为网民习惯性媒体行为；在线评论中带有合作理性、不信任、刻板性、群氓性与娱乐性特征，理性与非理性交织，贡献与抵触并存。为什么会呈现这种特征呢？本节以信息生态新格局为背景，从多种情境的相互作用角度讨论我国网民在线评论行为发生的常见模式，理解公众参与风险沟通的逻辑。

首先，网络情境是决定在线评论是正面还是负面的直接原因。新媒体技术的变革改变了传统媒体全面传播风险事件局面，交互性使得同一情境内的交流、辩论成为可能。风险建构者从传统的主流媒体扩展到网络意见领袖与其他有影响力的网民。发帖者在风险事件传播的过程中策略性地运用话语框架定义风险，建构有利于己方的认知结构，从而维护、挑战或重构彼此在风险事件中的关系。通过考察山东疫苗事件的舆情演变与微观话语竞争，可以看出主导性话语在"风险"和"风险知识"双维度上随时受到各种方面的挑战与竞争。一旦存在对思维、共识的局限性的时候，便为边缘话语或者其他主体的声音创造了空间，他们或是通过反驳，或是通过结盟的方法在话语空间中扩展自己的知识和权力，突出和放大自己的身份与观点。

网络情境内除了发帖者的合作与对抗之外，成千上万的评论者通过对发帖者建构信息的简短评论、点赞等表达形式形成群体意见共存的时空环境——评论意见场。发帖场与评论场存在竞争与同盟的复杂关系，两者共同构成了网络风险情境，进入情境中的网民在展演和从众心理的支配下，进行合适的评论行为。第一，发帖者身份影响在线评论行为。非主导发帖者下有更多的冷静评论行为产生，就算传达相同的框架，非主导发帖者发布的信息收获了更多的正面评价，在线评论情绪更理性，在风险事件中发挥了平定恐慌情绪的作用。第二，发帖场建构信息也影响在线评论行为。

从框架来看，民众行动框架产生的对抗信息数量最少，政府失责框架、政府行动框架、不严重框架与严重框架产生对抗评论的概率依次攀升。其中，政府行动框架下产生的对抗评论最高，说明发生风险事件后，民众更加关注风险的危害以及如何对抗风险，一味强调政府立场的"政府在行动""风险不严重"的报道框架往往容易引发更多的对抗评论行为。第三，评论场不仅能够调节发帖场建构框架，更是引发对抗评论的关键。负面情绪场会缩小不同框架下对抗评论的数量差距，肯定正面场则会加剧这一差距。当受众处于负面情绪场的时候，无论媒体报道采取什么框架，都会招致网民的"拍砖"；负面情绪场带来的强负面情绪消解了框架间的差异，各种框架产生的对抗评论数量已无统计学意义。与之相比，由于肯定正面场对改变某些框架下的对抗评论有效而对某些框架无效，因此框架间的差异越来越大。

从社会建构论的视角分析在线评论行为可以发现，在社交媒体时代，风险并非只由传统的主流发帖者建构，非主流的意见领袖、评论者也共同参与了建构。这两类人物时而合作、时而对抗，在互动中同塑在线评论行为。

其次，现实社会的政治、经济、社会等结构性因素是影响在线评论意愿的重要因素。社会情境并非都直接作用于在线评论行为，而是通过社会化媒体这一中介变量起作用。社会结构的转型引发了潜在的社会风险和社会矛盾，现实社会中的利益摩擦、冲突和矛盾都可能投射到互联网的舆论场上，有时是极度夸张的呈现、火上浇油般的聚焦、浮想联翩的发酵，渲染现实瑕疵，夸大社会分歧，加大了弥合难度。社交媒体如哈哈镜般放大了现实社会的负面，部分通过社交媒体获得社会信息的网民容易在信息频繁接触下，形成负面的社会认知。这种认知心理深刻影响在线评论行为。

最后，新的媒体情境使网民一直存在的心理需求容易通过在线评论行为获得满足。媒体技术提供了话语机会，移动互联网覆盖范围的扩大和使用价格的持续降低，圈子文化的逐步形成，这些形成了媒体情境的新特点。社会交换理论指出，社会个体行为是计算获利与成本的结果，低风险和低使用成本的环境降低了行为成本，圈子文化增加了获利可能，两者的增减使网民的心理需求容易通过简单的行为获得满足。通过质化访谈，发现情感满足、社会贡献、获得认同以及社会陪伴这四种心理是网民进行在线评论的基本心理。基于社会选择理论和社会交换理论，发现这些心理因素既直接影响在线评论行为，也通过网络感知价值（比较行为获利与成本）间接影响在线评论行为。

总之，网民在线评论是涵盖结构、能动和互动情境等各种机制相互作用的动力学过程。我国现阶段在线评论行为呈现对抗和非理性特征，这与社会转型带来的政治、经济、社会等社会结构风险以及传播技术手段提供的便利资源相关。人们对这些社会现象和风险的感知会逐渐形成一种社会认知心理，而技术情境又能使人简单地通过在线评论行为满足"情感发泄"或者"社会作贡献"这些心理需求，这些是以宣泄为主、兼有理性的在线评论行为发生的结构性背景因素。在线评论作为人的主动行为，不能完全以结构决定，网民也不是由社会结构决定的木偶式的被动行动者，而是嵌入在社会结构中具有自主性的能动者。他们能监控网络情境内可调动的资源和遵守的规则，比如网络意见领袖、传统媒体和公权力在风险事件中的建构。与此同时，网民的评论行为又形塑新的社会表意结构，而这种变迁的社会结构又进一步影响在线评论行为。网民对抗、破坏的在线评论行为成为困扰良性风险传播展开的显性难题。如何在社交媒体时代进行有效的风险传播，逐步引导网民进行在线评论呢？这依然要在情境上做文章。

第二节　传媒的"专业化"是舆论的压舱石

一、作为风险沟通者的媒体

从社会学角度来看，风险的实质是一个有关意义争夺与书写的过程。"充斥于风险社会的各种威胁的物质性/非物质性以及可见的/不可见性意味着所有关于它的知识都是媒体性的，都依赖于解释……所有的解释都是一个视角问题……风险的本体论并不保证哪种知识有特权。"①而在这个过程中，媒体成为风险的建构者。在这个过程中，传统媒体或者官方媒体作为权威的、值得信任的平台，在风险的社会建构和意义界定中发挥着至关重要的作用。

一方面，出于追求新闻价值的目的，媒体报道忽视"平淡"的风险知识和科学进展，重视风险的戏剧化和人情化表述，报道内容渲染了面对未知风险时的疑惑、恐惧、忧虑、担心等情绪，形成"媒介传染病"（mediapandemics），甚至造成社会恐慌情绪。因此，媒体常常被认为是"风险放大站"。

另一方面，我国官方媒体和传统媒体在报道风险议题的时候，往往受到报道理念的制约，常常选择在风险事件发生后，在调查清楚细节之前规避具有风险的报道，这制约了其在风险信息传递效率、监测环境和教育方面的作用。

一般认为社交媒体冲击了传统线性传播方式，舆论场呈现了复杂的网络特征。重大风险发生之后，活跃的新媒体账号仍然是专业媒体组织的新媒体平台，在风险信息方面大 V 则大多复制专业媒体组织的新闻信息，并未出现激烈的框架争夺现象。虽然社交媒体表面上有建构风险的权力，但影响力的不平衡导致拥有话语权的仍然是少数。主流媒体账号天生拥有高权威性和众多粉丝，保证了微博的转发量和阅读量，风险建构仍存在单一性特征。

主流媒体在话语权上的占优，意味着社交媒体时代风险建构仍与传统媒体保持一致。当一种话语获得了广泛的社会认同，而且被认为是一宗理所当然的文化存在时，或者说当这种话语有足够的力量使得特定的政策和实践合法化时，被视为当前时代的主导性话语,② 风险解决和风险定义框

---

① ［英］芭芭拉·亚当，乌尔里希·贝克，约斯特·房·龙. 风险社会及其超越：社会学理论的关键议题［M］. 赵延东，马婴，等译. 北京：北京出版社，2005：5.

② 刘涛. 环境传播：话语、修辞与政治［M］. 北京：北京大学出版社，2011：161.

架成为主导性话语，内容上以"事件进展""政府行动与措施"议题为主，说明风险事件突发后，维稳仍是首要考虑。面对敏感舆情，商业媒体则同传统媒体保持一致，未呈现明显的公共性和开放性，① 显现单极化特征。②社交媒体平台上的主流媒体在重大突发风险事件发生时，仍然没有完全完成从"传达者"到"沟通者"的转型。

风险议题对媒体的专业主义提出了更高的要求。媒体不仅面临着媒介规范，更需要深入理解科学。特别是当各个利益群体都争先恐后地争夺风险定义和建构权力的时候，媒介的专业主义显得更加重要。

二、作为映射现实者的媒体

让真相成为社会舆论的压舱石，恢复舆论场秩序，让社会情境的网络映射更真实也是专业媒体的任务。社交媒体赋予网民发声的渠道，但同时社交媒体上呈现出"喇叭多、事实少"的舆论特点，存在谣言漫溢的现象，网民情绪容易被激发，加上职业新闻媒体相对弱势，议程设置能力被减弱。网民虽富有正义感，但与专业媒体相比，往往挖掘事实真相的能力。面对铺天盖地的消息，部分网民容易被网络传言左右，忽视社会的现实与稳定，有进行破坏性表达的可能，因此恢复舆论场的正常秩序格外重要。在这里真相是社会舆论的压舱石，恢复舆论场秩序需要新闻媒体、政府的共同努力。首先，政府应以开放的心态面对网民的质疑与批评。祝华新指出，面对网上纷乱的声音，需要做好政务公开。前几年政务微博遍地开花，如今需大力发展政务微信，鼓励入驻移动客户端，借助"微传播"及时回应民众关切；需要党报、国家通讯社、国家电视台等主流媒体，从积极的角度疏导民意，凝聚社会"最大公约数"。其次，真相的挖掘仍然需要媒体人的努力，记者需要坚持"走基层"的采写传统。新媒体技术的发展与应

---

① 王维佳，杨丽娟."吴英案"与微博知识分子的"党性"[J]．开放时代，2012(5)：48-62.

② 吴靖．精英控制互联网议程的机理分析：资本裹挟下的网络公共领域"单极化"[J]．人民论坛·学术前沿，2013(12)：19-28.

用给传统的媒体新闻生产流程带来了翻天覆地的变化与巨大的挑战。网络信息可以给媒体人提供线索，但网络不是挖掘真相的平台。记者不能仅凭鼠标写新闻，或仅凭主观写评论，仍然需要迈开双脚去基层、群众中采访，同时提高专业储备，不能丢掉独立挖掘事实真相的能力，要以专业素养和理性思维帮助恢复舆论场秩序。

第三节　善用多元化渠道沟通

新媒体时代，风险传播可能发生在多元渠道，除了传统媒体，社会化媒体也是沟通中不可或缺的重要平台。

一、主流发声机构的群众路线

社交媒体平台上的主流媒体在重大突发风险事件发生时，仍然没有完成从"传达者"到"沟通者"的转型。有时部分公众会对官方的风险建构感到失望，开始以解构、推翻媒介框架的方式表达自己的不满，但这并不是对风险科学话语的否定，而是对风险管理机构不信任的表现。一方面公众在风险事实上保持与媒介的一致性，他们从媒体报道中获取风险知识，接受官方信息科普，并未放大疫苗本身可能存在的耦合风险。另一方面公众恐慌风险事件再次发生，因此风险话语中最关注风险的解决，他们将多种风险相关元素串联后放大风险存在的概率。例如在长生疫苗事件下的评论，如"风险承担者是孩子""类似事件屡次发生""风险发生结果严重（如狂犬病疫苗失效导致死亡）""风险事件本可避免"作为证据作出风险解读，而此时媒体又无法充分发挥反思风险的作用，统一口径般地消除"不确定性"的风险报道反而增加了公众的疑虑。①

2016年4月19日，习近平总书记在网络安全和信息化工作座谈会上

---

① 郭小平. 风险社会的媒体传播研究——社会建构论的视角[M]. 北京：学习出版社，2013：47-69.

发表讲话，他提出，各级党政机关和领导干部要学会通过网络走群众路线，经常上网看看，了解群众所思所愿，收集好想法好建议，积极回应网民关切、解疑释惑。社交媒体给主流媒体、政府组织提供了迅速、直接联系人民群众的平台和技术。风险事件发生后，如果能及时监测民意的变化、收集群众的疑问、及早展开沟通对话，则有助于风险传播的顺利进行，以及降低矛盾的激化概率。现实媒体情境中，存在媒体/新闻框架和受众框架两种框架。新闻框架指媒体通过强调、选择事件的某些方面，而对事件进行特殊的解释；"受众框架"即受众用何种框架来解读信息，即受众需要何种框架。新闻框架一直是学界研究的重点，大量研究证实新闻框架对受众的信息处理、态度认知和行为倾向产生影响，但互联网时代新闻框架效应作用机制出现变化。张雯和余红证实了互联网网状链接的传播特征使得议程设置效果的发生机制出现变化，媒体议程设置效果受到网民既有认知的把关、调节作用的影响。因此，在全民书写的 UGC（User Generation Content，用户原创内容）时代，了解民意，增加新闻报道与受众需求之间的交集，缩小二者之间的"框架沟"是减少网民"对抗"、破坏反馈的有效路径。

二、尊重网民的风险议题参与

有些学者在互联网早期曾提出"网络暴民"这一称号，这些学者偏激地认为大多网民素质与文化程度不高，热衷于在社交媒体上喧嚣吵闹。一旦出现与其价值观不符的观点，这些网民便会不假思索地在互联网上宣泄负面情绪，破坏互联网的清朗环境，使之成为充满敌意与戾气的泥潭，这些认为这些暴民们的廉价表达也没有多大实际贡献与意义。当今的互联网已经发生了改变，新的年轻一代已崛起。清华大学沈阳认为，现在的舆论场已经逐渐在改变，社会舆论越来越具有知识分子的特质，越来越具有科技传播的特质。舆论原来更多的是情绪化的表达，而现在则更加呈现出理性和科学的特色。年轻一代在成长过程中享有改革开放的红利，目睹国力的强盛，对此前所谓的西方范本不以为然，对国家模式和发展道路的认同度更高，为国家几十年来取得的成就而自豪，是"有自信""没包袱"的一代。他们有文化、有眼界，心系祖国，乐于在网上传播正能量，敢于公开表达爱国热情。研究中，从网民在线评论心理可以看出，无论表现形式如何，表达动机是利他的，是理性计算的，并非单纯为了发泄而发泄，他们希望通过言语促进社会的进步与公平。因此，比起一味压制，更应该理性倾听年轻一代的需求和建议。在与其对话中，需要轻悦化转型，要求政府媒体、主流媒体的灵魂是坚韧的，但吸引灵魂的手段是柔软的。"80后""90后"，甚至"00后"年轻一代的价值引领不能再是传统上的宣传，而是要树立新信仰，与社会建立更和谐的联系。一些政法类、主流新媒体已经表现出此趋势，比如新华社微信号的"刚刚体"迅速蹿红，编辑机智的对话方式受网友追捧，使得新华社微信号"火"了，文章阅读量常常突破10万以上。另外，互联网的改变随之也带来治理方式的改变，依法治网不仅能让新一代信服，更是建设法治国家的新需要。

三、职业社群协助风险解释

要拓展第三方资源，广结良缘，善用职业社群协助风险解释。如今社交媒体上大V式微，网络职业社群趋于活跃。比如暴力伤医事件背后的医疗群体、深圳公安部聚餐吃娃娃鱼事件背后的警察群体、滴滴出行App背后的的哥群体等在社交网上的活跃加大了舆论事件的解释面。特别是医疗群体在知乎、果壳等科技社区论坛的活跃，不仅从专业角度答疑解惑，更维护了职业尊严，从而获得了理解。职业群体在风险事件中赢得网友的支持和信赖，一些专业账号下自媒体人与网民的互动理性而良好，是风险良性沟通的典范。因此，赢得职业群体的支持，做好他们的统战工作具有重要意义。除此之外，网络平台的管理员与版主也不可忽视，长期浸泡于网络让他们对呼风唤雨的大V知根知底，对网民的心理判断能力高于常人，对网络的丰富管理经验有助于还民众一个干净的对话领域。

第四节 实现真正的双向沟通

一、提高倾听意识

现代政治中常常出现官方与民间的冲突与摩擦。① 尝试消除或者压制可能会使公民将对社会的不满通过其他途径发泄，反而不利于社会和谐稳定。"媒体框架"指媒体通过对事件某些方面的选择性和强调性报道，对事实呈现有所偏重的报道行为；"受众框架"则指受众从何种角度解读新闻报道，强调受众对事件信息需求偏向。现阶段媒体报道和受众框架存在鸿沟，即媒体报道的不是受众所需的，这将引起受众不满，增加对抗行为的发生。但现行管理手段多以"删""堵"为主，看不到不等于不存在，这种方式可能导致网民评论意愿降低、不利于建立信任。我们应该理解多元主体在风险概念理解和知识存储上的差距，风险沟通并非要消除差异、达到一致，而是了解公众风险实践、倾听公众风险感受。先倾听再传播，扩大媒体框架与受众框架之间的交集、缩小二者之间"框架沟"是提高风险传播效率并减少网民负面评论的有效路径。虽然网络匿名性叠加网民素质的参差不齐，新闻评论常常充满背离"协商理性"的内容，但网民间这种"日常交流"的"开放式对话"仍是良性风险沟通。

二、积极回复热门评论

积极回复热门评论，使社交媒体真正能"社交"。质疑是热门跟帖的显著因素，但是有时这些质疑被选择性地忽视。曾有研究者在对"茂名 px 事件"中市政府微博平台信息与网民评论进行内容分析后发现，市政府微博下的 3000 多条评论全为网民发表，并未出现官方对网民的回应。这说明虽

---

① ［英］尚塔尔·墨菲. 论政治的本性［M］. 周凡，译. 南京：江苏人民出版社，2016：40.

然社交媒体使对话协商在技术上成为可能，但新媒体平台的风险传播多为单向灌输模式，并没有完全发挥社交媒体及时性、互动性的优势。

第五节　算法技术建构良性沟通平台

网民通常会查看排序靠前的多条评论，这些评论组成的情境整体作用于网民；还易受到他人评论的影响，以他人评论的内容作为参照系维持社会认同感。因此，新闻评论区首页排名靠前的热门评论或系统推荐/精选的评论某种程度上是决定评论区情境形成的"种子评论"，而其流动与选取受到社交网络和自动机器人（automated bots）即算法的扭曲。新浪微博对评论的排序方式并未详细解释，但评论号的级别被赋予过高的权重，且内容本身未得到过多的主观关注。筛选热门跟帖应赋予跟帖质量更多的权重。哈贝马斯指出，公共领域中的讨论是充满道德和理性的，太多的噪音不利于讨论与交流。统计结果显示，时间、简化、争议等特征是热门跟帖显著的因素，这表明现阶段热门跟帖算法的信息分配机制以迎合受众口味为先，并不利于良性对话形成。

笔者通过访谈发现，个体或组织可通过人工操作微博账户提高其评论的曝光率（也称"养号"），如多关注主流媒体账号，多与其互动；多发布带九宫格图片的原创内容，与实名账号互动，多参加平台自身活动，每日"蹭"热搜话题等。这揭示出当前排序网民评论的算法存在隐患，如果被操纵，不仅将影响主流账号对社会责任的履行，更可能解构其舆论引导能力，极大地影响风险沟通效率。事实上，跟帖中不乏理性、信息量丰富的高质量跟帖，如果给这些带有"理性协商"特质的跟帖以高权重，置于跟帖区热门位置，不仅可以使社交媒体真正成为多元主体沟通的平台，更能通过"种子"跟帖引导跟帖区的氛围，利用技术更好地服务社会。因此，算法时代更需要有态度、将国家观念置于心中的"把关人"，社交媒体平台需要加强对评论推荐算法、排序算法和精选评论算法的管理，依据主流价值观进行评论筛选与排序，肩负社会责任，实现社企共赢。

本 章 小 结

本章根据我国在线评论行为发生机制的特殊性，提出了信息规制之道。将风险议题下评论区"难管理""难引导"的破解方法从以"政策导向"为主的明治理手段转变为以建设"良性沟通"新媒体平台的暗引导手段，提出"媒介组织专业化""官方媒体的群众路线""职业社群助力""政府积极响应""算法向善"的多元协助治理矩阵。

第六章
结　语

现阶段国内风险传播中的公众行为研究集中于互联网环境。互联网的发展给公众参与风险传播提供了合法路径，多元利益主体在网络空间中展开复杂的博弈。互联网为网民提供了说话的空间，并增强了网民的行动能力。本书引入情境理论解释风险传播中在线评论行为，从微观、中观与宏观三个层次进行分析，采用文献研究法、访谈法、内容分析等多种研究方法，结合思辨研究和实证研究，沿着"建构—情境—心理—行为"的综合视角对网民评论行为中的国家—社会环境、基于新媒体的风险建构、网民参与心理等进行深入分析，对各个变量进行学理探索和实证检验。将网民的能动性、媒介信息及社会根源结合起来，认为网民在线评论是能动的网民和社会结构相互作用的结果，并通过基于新媒体的信息行为体现出来。

在线评论行为是涵盖社会结构、具体情境、网民能动在内的各种机制互相作用的动力学过程。风险事件发生后，处于不同区域、身份背景和地位立场的民众能够借助新媒体在短时间内对官方的风险沟通进行反馈，这种反馈受到基于网络形成的信息情境的直接影响，可以说是评论行为的起点。当然，这些行为是嵌入在社会结构中的，暗含着对社会现象和风险感知逐渐形成的社会信念，这些是结构性背景因素的行为推动。但是，网民是否进行撰写行为不完全是结构性因素决定的，网民是嵌入社会结构中具有自主性的能动者，比如他们是积极的从众者，通过模仿他人使自己的言行更容易被社会接受、符合社会标准，以维持积极的社会自我评价，人们尝试观察他人的行为反应和态度进行学习；他们也是遵循着他们理解的"贡献"参与风险表达的实践者，希望通过群体共鸣引起官方重视，转危为安。总之，外在结构和网民能动相互强化导致行为的产生。网民风险沟通的参与表面上看是一种突发现象，充满偶然性，但本书认为我国网民的风险参与具有结构上的必然性。发现这种必然性，并及时规制，而不是"水来土掩"式地被动应对，才是提高风险沟通效率的有效路径。

使用情境理论研究网民参与，是将网民参与置于宏观的社会情境和具体的网络情境中考察，挖掘其参与沟通深层的心理根源。具体而言，网民对社会情境的认知和信念是网民参与风险沟通的根本原因；复杂的网络情境形成了在线评论行为的行为准则，引发从众，影响网民表达的调性；新媒体情境使网民一直以来存在的"情绪满足""社会贡献""社会陪伴"和"获得认同"四种心理需求通过在线评论行为得到满足，是网民参与风险沟通的助推器。可以说，风险沟通中的网民评论参与可视为网民长期积聚的社会信念和社会认知见诸某个风险事件行动，在线评论参与根本上是公众与社会现实环境和网络传播环境互动的结果，风险事件是联系个体公众与宏观社会氛围的中介物，网络情境建构了风险事件的意义，形成了在线评论的行为准则，媒介情境则加速了在线评论行为的发生。"社会认知""网络情境""风险事件"与"民众参与"四个变量正好契合，从而引发风险沟通中的在线评论参与行为，信息规制路径需要同时考虑以上变量。

一、影响在线评论行为发生的网络情境

变幻莫测的网络情境直接刺激着网民评论行为，风险的网络情境是研究的重点。社交媒体时代，政府、主流媒体机构不再是风险的唯一定义主体。社交媒体的风起云涌颠覆了新闻内容生产与传播方式，大众也同样获得了编码的主动权。在技术条件的支持下，个人拥有了独自传播信息与分享信息的渠道。在传播效果上，甚至可以与媒体机构平分秋色。

部分网民缺少专业知识和传播策略，扮演围观者的角色，能够成为风险主要建构者的依然是网民中的专家和精英。网络技术下放话语权的同时出现了权力的分化，网络中掌握更多话语权的民间意见领袖往往成为与主流媒体定义风险意义的共同建构者。陆晔指出，在"网民"这一朴素的称呼

下隐藏着各行各业的技术专家、粉丝众多的自媒体人、网络红人、相当数量的离职新闻人。"这些互联网新闻用户在新闻职业和非职业的专业边界两侧来去自如，不仅模糊了新闻业的专业边界，而且也使得以往记者通过接近消息来源且依托于媒体机构公信力的专业权威性难以声张……"①在公共事务关怀这一点上与知识分子遥相呼应。

除了民间意见领袖之外，大部分网民扮演着"围观群众"或者"吃瓜群众"的角色。遇到风险事件和公众议题，网民们排队在线评论，发表意见，热心关注事件的进程。与此同时，网民素质的参差不齐使得舆论场中出现伦理缺失、新闻失范、以讹传讹、网民审判的乱象。部分网民缺少网民精英的知识储备与职业技巧，多以群体力量参与建构，形成言论压力，影响风险建构效果。余红强调网民的共振效应，指出舆论形成的倒逼模式关键在于网民在社会化媒体上的积极讨论与传播议题迫使主流传统媒体介入，网络舆论系统的意见流在各个节点中相互呼应共振，声音波不断叠加，并在短时间内集结成网络舆论热点，形成强大的社会舆论。网民言论的声势迫使专业媒体在议题设置和框架设定与之保持吻合，从而形成巨大的言论压力。网民通过点赞、撰写评论便可以参与到风险的建构中，持续不断地转发引发信息的持续传播和更大规模的扩散，影响事件的走势和人们的理解。

精英与一般网民的信息共同组成了网络情境。网民与风险信息的接触意味着进入网络情境。与梅罗维茨所说的被动接触不同，网民寻找信息、主动浏览信息是一种能动。进入网络情境后，网民对情境内复杂的风险信息符号形成一种认知，这种认知类似戈夫曼所言，对情境的主观性判断和定义直接引发在线评论行为。

二、影响在线评论行为发生的媒体情境

媒体技术催生了新的表达环境。虽然网络实名制提上议事日程，但与

---

① 陆晔，周睿鸣.「液态」的新闻业：新传播形态与新闻专业主义再思考——以澎湃新闻"东方之星"长江沉船事故报道为个案[J].新闻与传播研究，2016(7)：24-46.

现实社会相比，匿名性仍然是网络从诞生起最明显的特征之一。匿名大大降低了网络表达的风险，使网民处于一个表达相对安全、自由的环境中，不必受到群体压力、道德规范和社会角色的约束。

除此之外，技术的提升大大降低了网络的使用成本。移动端不同于 PC端，手机、Pad 这样小巧灵活的终端拥有更强的流动性，并且手机的价格远远低于电脑的价格，任何人可以很容易地拥有一部手机。另外，交互设计师们在手机程序的易用性上不断作出努力，这些都降低了使用成本。

并且，社交媒体强化了"圈子文化"。社交媒体不断发展，网络已经从匿名化逐渐向实名制转变，从现实生活中毫无交集的疏离网络朝频繁地彼此互动的强关系网络发展，网络圈子映射着现实社会关系。

因此，新媒体情境呈现低风险、低成本和日益显现的强关系特征。人本心理学家马斯洛重视人性，他提出的"似本能论"指出："每一个人具有一种实质上是生物基础的内部本性，这种内部本性是'自然的'、'内在的'、'特定的'，是不能改变的，至少是没在改变的。"①这种内部本性是人类基本的需要(对于生存、安全、保障、归属情感、尊重、自尊和自我实现的需要)。当客观条件能够满足的时候，人们开始追求这种需要。在这个意义上，人们一直以来都存在着通过表达获得满足的心理需求，但是因前社交媒体时代表达成本过高而被压抑，媒体情境的变化使得心理需求通过简单的行为就能获得满足，增加了行为发生的概率。媒体情境的变化，使得人们一直存在的心理需求通过行为获得满足。

三、影响在线评论行为发生的社会情境

我国正处于现代化、市场化、工业化、城市化的高速发展期，政治、经济、社会、文化等系统内部结构以及结构之间的相互关系正在急剧调整与变化，包括机制转换、结构调整、利益协调以及观念变迁，社会矛盾与

---

① Maslow, A. H. A Theory of Human Motivation[J]. Psychological Review, 1943, 50(4): 370-398.

社会风险时有显现。

卡斯特尔在"信息时代三部曲"中论证了网络社会的崛起，他指出："多媒体最重要的特征，乃是多媒体在其领域里以其各式各样的容貌，容纳了多数文化表现……所有的文化表现都汇聚在一起，它们便构造出一个新象征环境，让现实成为虚拟。"网络社会具备了现实社会中应有的元素，"现实本身完全陷入浸淫于虚拟意象的情境之中，那是个'假装'的世界，在其中表象不仅出现于屏幕中以便沟通经验，表象本身便成为经验"。①

剧烈变动的现实社会引发的矛盾和风险完全反映在了网络社会中，民众通过媒体理解社会。换句话说，社交媒体时代，人们通过网络获取对现实社会的认知。Web 2.0使网络不再停留在传递信息的媒体这样一个角色上，而是使它在成为一种新型社会的方向上走得更远。这个社会不再是一种"拟态社会"，而是成为与现实生活相互交融的一部分。社会情境在网络的凸显下，影响着人们的社会认知心理。

具体来说，风险的发生是现代化社会发展的必然结果，现代风险本身多是未经验且可能发生的，只有当风险被赋予意义时才会被人们感知。比如许多高风险技术被弱化，未受到公众关注，而有些低风险技术却被社会放大且污名化。因此，风险传播的起点在于风险的建构。社交媒体释放了建构风险的权力，并形成了风险相关信息流动的情境。其中的风险信息不仅由政府、专家、主流媒体等传统建构者发出，而且民间专家、普通网民等也在共同建构风险。除此之外，网民通过撰写评论、转发点赞、发表意见，在短时间内聚集成舆论，调节或消解着发帖者的风险信息。复杂的网络风险建构情境是影响网民在线评论最直接的刺激。

网民是社会人，并非真空面对网络情境，时时刻刻沉浸在社会情境中。在社交媒体时代，剧变的现实社会映射于网络，网民通过网络形成社会情境的认知，这些认知逐渐成为一种稳定的社会经验，进而影响网民的

---

① ［美］曼纽尔·卡斯特. 网络社会的崛起［M］. 夏铸九，译. 北京：社会科学文献出版社，2000：6-7.

判断，调节网民的在线评论行为。

与此同时，技术推动新媒体情境的形成，低成本、低风险和强关系的全新媒体情境逐渐使网民一直压抑的需求可以通过评论行为得到释放。新媒体情境同样促使在线评论行为发生。

因此，网民在线评论行为可以视作网民与情境互动的结果。在线评论行为可以视为"情境""心理"两个变量共同作用的结果。

本书在探讨情境内信息影响在线评论行为的因素时存在着不足和局限，多使用网络文本进行内容分析，在验证宏观环境对在线评论行为的影响时，使用问卷调查收集数据进行模型检验。但是，实际上真正的情境是宏观与中观、微观三种情境的叠加形成整体情境，共同影响网民行为，如果能使用实验法，以各种层次的情境为自变量，以心理为中介变量，以在线评论行为为因变量进行检验，可以更加准确地了解各因素之间的因果关系。然而，基于研究条件的限制，使得不同现实社会情境这一变量的不同水平难以控制，实验的效度难以保证。当然，就未来研究而言，仍然可以尝试运用实验法考察情境—行为的直接关系。

参 考 文 献

[1] [英]芭芭拉·亚当,乌尔里希·贝克,约斯特·房·龙.风险社会及其超越:社会学理论的关键议题[M].赵延东,马婴,等译.北京:北京出版社,2005.

[2] [美]保罗·斯洛维奇.风险的感知[M].赵延东,等译.北京:北京出版社,2005.

[3] [美]戴维·迈尔斯.社会心理学[M].北京:人民邮电出版社,2016.

[4] 丁法章.新闻评论教程[M].上海:复旦大学出版社,2002.

[5] 丁烈云.中国转型期的社会风险及公共危机管理研究[M].北京:经济科学出版社,2012.

[6] [加]欧文·戈夫曼.日常生活中的自我呈现[M].冯钢,译.北京:北京大学出版社,2008.

[7] 郭小平.风险社会的媒体传播研究:社会建构论的视角[M].北京:学习出版社,2013.

[8] 郭小平.环境传播:话语变迁、风险议题建构与路径选择[M].武汉:华中科技大学出版社,2013.

[9] 郭研实.国家公务员应对突发事件能力[M].北京:中国社会科学出版社,2005.

[10] [德]哈贝马斯.公共领域的结构转型[M].曹卫东,译.上海:学林出版社,1999.

[11] [美]塞缪尔·亨廷顿,琼·纳尔逊.难以抉择:发展中国家的政治参与[M].汪晓寿,吴志华,项继权,译.北京:华夏出版社,1989.

[12] [英]凯西·卡麦兹. 建构扎根理论：质性研究实践指南[M]. 边国英，译. 重庆：重庆大学出版社，2009.

[13] [美]曼纽尔·卡斯特. 网络社会的崛起[M]. 夏铸九，译. 北京：社会科学文献出版社，2001.

[14] 柯惠新，祝建华，孙江华. 传播统计学[M]. 北京：北京广播学院出版社，2003.

[15] [丹]克劳斯·布鲁恩·延森. 媒体融合：网络传播、大众传播和人际传播的三重维度［M]. 刘君，译. 上海：复旦大学出版社，2015.

[16] [美]保罗·F. 拉扎斯菲尔德，等. 人民的选择[M]. 唐茜，译. 北京：中国人民大学出版社，2012.

[17] [美]理查德·韦斯特，林恩·H. 特纳. 传播理论导引：分析与应用[M]. 刘海龙，译. 北京：中国人民大学出版社，2007.

[18] 刘建明. 社会舆论原理[M]. 北京：华夏出版社，2002.

[19] 刘涛. 环境传播：话语、修辞与政治[M]. 北京：北京大学出版社，2011.

[20] 陆学艺，景天魁. 转型中的中国社会[M]. 哈尔滨：黑龙江人民出版社，1994.

[21] [美]罗伯特·考克斯. 假如自然不沉默：环境传播与公共领域[M]. 纪莉，译. 北京：北京大学出版社，2016.

[22] [美]罗伯特·斯考伯，谢尔·伊斯雷尔. 即将到来的场景时代[M]. 赵乾坤，周宝曜，译. 北京：北京联合出版公司，2014.

[23] [美]埃弗雷特·M. 罗杰斯. 创新的扩散[M]. 辛欣，译. 北京：中央编译出版社，2002.

[24] [美]E. M. 罗杰斯. 传播学史：一种传记式的方法[M]. 殷晓蓉，译. 上海：上海译文出版社，2012.

[25] [德]马克斯·霍克海默，西奥多·阿道尔诺. 启蒙辩证法[M]. 渠敬东，曹卫东，译. 上海：上海人民出版社，2006.

[26] [美]约书亚·梅罗维茨. 消失的地域[M]. 肖志军，译. 北京：清华大

学出版社，2002.

[27] 孟昭兰. 情绪心理学[M]. 北京：北京大学出版社，2008.

[28] [美]米歇尔·福柯. 疯癫与文明：理性时代的疯癫史 [M]. 刘北成，杨远婴，译. 北京：生活·读书·新知三联书店，2003.

[29] [美]米歇尔·福柯. 规训与惩罚[M]. 刘北成，杨远婴，译. 北京：生活·读书·新知三联书店，2003.

[30] 彭兰. 网络传播概论[M]. 北京：中国人民大学出版社，2001

[31] [法]皮埃尔·布尔迪厄. 关于电视[M]. 许钧，译. 沈阳：辽宁教育出版社，2000.

[32] [美]塞缪尔·P. 亨廷顿. 变化社会中的政治秩序[M]. 上海：上海人民出版社，2015.

[33] [美]凯斯·R. 桑斯坦. 极端的人群：群体行为的心理学[M]. 郭彬彬，译. 北京：新华出版社，2010.

[34] 汤天甜. 风险传播论：以中国电视新闻报道为例[M]. 北京：人民出版社，2015.

[35] 唐文方. 中国民意与公民社会[M]. 胡赣栋，张东锋，译. 广州：中山大学出版社，2008.

[36] [英]乌尔里希·贝克. 风险社会[M]. 上海：译林出版社，2004

[37] [英]谢尔顿·克里姆斯基，多米尼克·戈尔丁. 风险的社会理论学说[M]. 徐元玲，孟毓焕，徐玲，等译. 北京：北京出版社，2005.

[38] 谢岳. 抗议政治学[M]. 上海：上海教育出版社，2010.

[39] [德]伊丽莎白·诺尔·诺依曼. 沉默的螺旋：舆论——我们的社会皮肤[M]. 董璐，译. 北京：北京大学出版社，2013.

[40] 于建嵘. 抗争性政治[M]. 北京：人民出版社，2010.

[41] 余红，李瑞芳. 互联网时代网络舆论发生机制研究[M]. 武汉：华中科技大学出版社，2016.

[42] 袁方. 社会研究方法教程[M]. 北京：北京大学出版社，1997.

[43] 曾繁旭，戴佳. 风险传播：通往社会信任之路[M]. 北京：清华大学出

版社，2015.

[44] 赵鼎新. 社会与政治运动讲义[M]. 北京：社会科学文献出版社，2012.

[45] 张燕. 风险社会与网络传播[M]. 北京：社会科学文献出版社，2014.

[46] 车淼洁. 戈夫曼和梅罗维茨"情境论"比较[J]. 国际新闻界，2011(6)：
41-45.

[47] 陈力丹. 论传媒对科学的误读[J]. 新闻界，2003(4)：9-10.

[48] 陈龙. 对立认同与新媒体空间的对抗性话语再生产[J]. 新闻与传播研
究，2014(11)：70-79.

[49] 陈颀，吴毅. 群体性事件的情感逻辑——以 DH 事件为核心案例及其
延伸分析[J]. 社会，2014，34(1)：75-103.

[50] 陈岳芬，李立. 话语的建构与意义的争夺——宜黄拆迁事件话语分析
[J]. 新闻大学，2012(1)：54-61.

[51] 陈志群，张苗苗，刘婷. 大学生网民行为和心理实证研究——以 7·23
温州动车事故为例[J]. 新闻前哨，2012(3)：23-27.

[52] [美]戴维·伊斯顿. 政治生活的系统分析[M]. 北京：华夏出版社，
1998：179-182

[53] 单学刚，卢永春，朱燕. 2015 年中国移动舆论场研究报告 [M]//官建
文. 中国移动互联网发展报告(2015). 北京：社会科学文献出版社，
2015：50-64.

[54] 党明辉. 公共舆论中负面情绪化表达的框架效应——基于在线在线新
闻评论评论的计算机辅助内容分析[J]. 新闻与传播研究，2017(4)：
41-63.

[55] 邓天颖，王玲玲. "怨恨"与网络话语暴力的心理机制——以汶川大地
震期间的王石"捐款门"为例[J]. 学海，2010(5)：25-29.

[56] 丁方舟. 中国网络行动的动因、过程与影响[D]. 杭州：浙江大学，
2015.

[57] 丁和根. 大众传媒话语分析的理论、对象与方法[J]. 新闻与传播研究，
2004(1)：37-42.

[58] 方师师,郭文丰.转型社会中的政治信任与网络抗议——基于中国网络社会心态调查(2014)的因子分析[J].新闻大学,2014(6):82-88.

[59] 郜书锴.场景理论:开启移动传播的新思维[J].新闻界,2015(17):44-48.

[60] 官建文,唐胜宏,王培志.迈入转折期的移动互联网[M]//官建文.中国移动互联网发展报告(2016).北京:社会科学文献出版社,2016:1-21.

[61] 郭小安.舆论的寡头化铁律:"沉默的螺旋"理论适用边界的再思考[J].国际新闻界,2015,37(5):51-65.

[62] 郭小平.风险传播的"公共新闻学"取向[J].兰州学刊,2008(8):178-180.

[63] 郭小平.风险传播与危机传播的研究辨析[J].媒体时代,2013(2):24-27.

[64] 郭小平.西方媒体对中国的环境形象建构——以《纽约时报》"气候变化"风险报道(2000—2009)为例[J].新闻与传播研究,2010(4):18-30.

[65] 郝永华,芦何秋.风险事件的框架竞争与意义建构——基于"毒胶囊事件"新浪微博数据的研究[J].新闻与传播研究,2014(3):20-33.

[66] 郝永华,芦何秋.网民集体行动的动力机制探析——以"郭美美事件"为研究个案[J].国际新闻界,2012(3):61-66.

[67] 洪志雄.网络中的政治娱乐化现象研究[D].广州:暨南大学,2015.

[68] 胡翼青.自媒体力量的想象:基于新闻专业主义的质疑[J].新闻记者,2013(3):6-11.

[69] 黄杰.互联网使用、抗争表演与消费者维权行动的新图景——基于"斗牛行动"的个案分析[J].公共行政评论,2015(4):98-133.

[70] 黄敏学,王琦缘,肖邦明,等.消费咨询网络中意见领袖的演化机制研究——预期线索与网络结构[J].管理世界,2015(7):109-121.

[71] 李东晓.中国贪腐丑闻的媒体呈现与新闻生产研究——媒体社会学的

视角[D]. 杭州：浙江大学，2010.

[72] 李金阳. 社会交换理论视角下虚拟社区知识共享行为研究[J]. 情报科学，2013(4)：119-123.

[73] 李明颖. 科技民主化的风险传播：从毒奶粉事件看网络公众对科技风险的理解[J]. 传播与社会学刊，2011(15)：161-186.

[74] 李培林. 另一只看不见的手：社会结构转型[J]. 中国社会科学，1992(5)：3-17.

[75] 李姝. 在线新闻评论的实证研究[D]. 广州：暨南大学，2014.

[76] 李艳红. 大众传媒、社会表达与商议民主——两个个案分析[J]. 开放时代，2016(6)：5-21.

[77] 李艳霞. 何种信任与为何信任？——当代中国公众政治信任现状与来源的实证分析[J]. 公共管理学报，2014(2)：16-26.

[78] 廖福生，江昀. 对门户网站在线新闻评论特点的分析——以网易新闻为例[J]. 东南传播，2010(6)：88-90.

[79] 刘金平，黄宏强，周广亚. 城市居民风险认知结构研究[J]. 心理科学，2006，29(6)：1439-1441.

[80] 刘能. 怨恨解释、动员结构和理性选择——有关中国都市地区集体行动发生可能性的分析[J]. 开放时代，2004(4)：57-70.

[81] 刘涛. 环境传播的九大研究领域(1938—2007)：话语、权力与政治的解读视角[J]. 新闻大学，2009(4)：97-104.

[82] 刘正荣. 从非理性网络舆论看网民群体心理[J]. 现代传播(中国传媒大学学报)，2007(3)：167-168.

[83] 陆晔，周睿鸣. "液态"的新闻业：新传播形态与新闻专业主义再思考——以澎湃新闻"东方之星"长江沉船事故报道为个案[J]. 新闻与传播研究，2016(7)：24-46.

[84] 陆晔，周睿鸣. 面向公众的科学传播：新技术时代的理念与实践原则[J]. 新闻记者，2015(5)：4-11.

[85] 路扬. "山东问题疫苗"事件的对抗式解读 ——基于对三家新闻APP

的网友在线评论内容分析[J].新闻研究导刊,2016,7(17):85-86.

[86] 罗昶.从孟买恐怖袭击事件中的"自媒体"传播看公民新闻背景下的媒体权力转移[J].国际新闻界,2009(1):84-87.

[87] 马得勇,王丽娜.中国网民的意识形态立场及其形成 一个实证的分析[J].社会,2015,35(5):142-167.

[88] 马得勇.政治信任及其起源——对亚洲8个国家和地区的比较研究[J].经济社会体制比较,2007(5):79-86.

[89] 马凌.新闻传媒在风险社会中的功能定位[J].新闻与传播研究,2007(4):42-46.

[90] 孟天广.转型期的中国政治信任:实证测量与全貌概览[J].华中师范大学学报(人文社会科学版),2014,53(2):1-10.

[91] 潘忠党,於红梅.互联网使用对传统媒体的冲击:从使用与评价切入[J].新闻大学,2010(2):4-13.

[92] 潘忠党,架构分析:一个亟需理论澄清的领域[J].传播与社会学刊,2006,(1):17-46.

[93] 彭兰.Web2.0在中国的发展及其社会意义[J].国际新闻界,2007(10):44-48.

[94] 彭兰.场景:移动时代媒体的新要素[J].新闻记者,2015(3):20-27.

[95] 彭兰.重构的时空——移动互联网新趋向及其影响[M]//官建文.中国移动互联网发展报告(2016).北京:社会科学文献出版社,2016:22-40.

[96] 强月新,刘莲莲.对主流媒体传播力公信力影响力关系的思考[J].新闻战线,2015(5):46-47.

[97] 强月新,余建清.风险传播:研究谱系与模型重构[J].武汉大学学报(人文科学版),2008,6(4):501-505.

[98] 邱戈.从对话伦理想象传播的德性——哈贝马斯、阿佩尔和巴赫金对话思想的比较与思考[J].浙江大学学报(人文社会科学版),2011,41(1):63-71.

［99］屈晓妍.互联网使用与公众的社会风险感知［J］.新闻与传播评论，
　　　2011（1）：208-220.

［100］人民日报.直面博客冲击波：专业媒体必须拥抱博客［N］.人民日报，
　　　2006-03-29.

［101］人民日报评论部.算法盛行更需"总编辑"［N］.人民日报，2016-12-
　　　23.

［102］芮国强，宋典.公民参与、公民表达与政府信任关系研究——基于"批
　　　判性公民"的视角［J］.江海学刊，2015（4）：219-226.

［103］邵培仁，展宁.探索文明的进路——西方媒体社会学的历史、现状与
　　　趋势［J］.广州大学学报（社会科学版），2013，12（5）：57-71.

［104］苏国勋.社会学与社会建构论［J］.国外社会科学，2002（1）：4-13.

［105］孙卫华.表达与参与：网络空间中的大众政治模式研究［J］.新闻大
　　　学，2016（5）：73-80.

［106］唐红，王怀春.网络在线新闻评论评论的特点及功能［J］.新闻爱好
　　　者月刊，2011（23）：72-73.

［107］腾讯科技.2016年第一季度总收入319.95亿元 同比增长43%［EB/
　　　OL］.［2017-01-09］.http://tech.qq.com/a/20160518/067853.htm.

［108］王帝，周婉娇.舆情监测：网络舆论场的"理性回归定律"［EB/OL］.
　　　［2017-05-17］.http://yuqing.people.com.cn/n/2015/0115/c210134-
　　　26390853.html.

［109］王维佳，杨丽娟."吴英案"与微博知识分子的"党性"［J］.开放时代，
　　　2012（5）：48-62.

［110］王秀丽.网络社区意见领袖影响机制研究——以社会化问答社区"知
　　　乎"为例［J］.国际新闻界，2014，36（9）：47-57.

［111］王正祥.传媒对大学生政治信任和社会信任的影响研究［J］.青年研
　　　究，2009（2）：64-74.

［112］王正祥.媒体使用、权威信息的可信度与民众对传言的信任［J］.新闻
　　　与传播研究，2010（3）：35-45.

[113] 王正祥. 媒体使用对村民政治信任和社会信任的影响研究——来自皖东农村的实证报告[D]. 南京：南京大学，2009.

[114] 望海军. 微信情绪化表达的传播诉求[J]. 编辑之友，2016(3)：75-78.

[115] [英]乌尔里希·贝克，王武龙."9·11"事件后的全球风险社会[J]. 马克思主义与现实，2004(2)：70-83.

[116] 吴靖. 精英控制互联网议程的机理分析——资本裹挟下的网络公共领域"单极化"[J]. 人民论坛·学术前沿，2013(12)：19-28.

[117] 吴奇. 话语与权力——分析福柯"认知的意志"[J]. 山东科技大学学报(社会科学版)，2005，7(3)：40-44.

[118] 夏倩芳，王艳."风险规避"逻辑下的新闻报道常规——对国内媒体社会冲突性议题采编流程的分析[J]. 新闻与传播研究，2012(4)：33-45.

[119] 肖唐镖，王欣. 中国农民政治信任的变迁——对五省份 60 个村的跟踪研究(1999—2008)[J]. 管理世界，2010(9)：88-94.

[120] 谢秋山，许源源."央强地弱"政治信任结构与抗争性利益表达方式——基于城乡二元分割结构的定量分析[J]. 公共管理学报，2012，9(4)：12-20.

[121] 谢晓非，李洁，于清源. 怎样让会感觉更危险——风险传播渠道分析[J]. 心理学报，2008，40(4)：456-465.

[122] 谢晓非，徐联仓. 风险认知研究概况及理论框架[J]. 心理科学进展，1995，3(2)：17-22.

[123] 谢晓非，徐联仓. 一般社会情境中风险认知的实验研究[J]. 心理科学，1998，21(4)：315-318

[124] 谢晓非. 风险研究中的若干心理学问题[J]. 心理科学，1994，17(2)：104-108.

[125] 谢耘耕，荣婷. 微博传播的关键节点及其影响因素分析——基于 30 起重大舆情事件微博热帖的实证研究[J]. 新闻与传播研究，2013

（3）：5-15.

[126] 新浪微博. 新浪微博帮助［EB/OL］.［2017-05-19］. http://help.weibo.
com/faq/q/2363.

[127] 徐胜. 改革开放 30 年来社会心态的嬗变及其启示［J］. 实事求是，
2009（1）：27-28.

[128] 徐顽强，谭伟. 网络在线新闻评论中地域歧视现象的现实解读与理性
反思［J］. 电子政务，2013（9）：9-13.

[129] 闫岩. 人云亦云：在线评论对负面新闻感知的影响［J］. 国际新闻界，
2015，37（3）：52-66.

[130] 杨宜音. 个体与宏观社会的心理关系：社会心态概念的界定［J］. 社
会学研究，2006（4）：117-131.

[131] 姚江龙，汪芳启. 网络在线新闻评论中网民情感表达分析——以网易
在线新闻评论为个案［J］. 编辑之友，2013（11）：68-71.

[132] 姚君喜. 媒体接触与社会公正认知、态度及行为——以上海在校大学
生为对象的实证研究［J］. 现代传播（中国传媒大学学报），2012，34
（3）：12-18.

[133] 应星. "气场"与群体性事件的发生机制——两个个案的比较［J］. 社
会学研究，2009（6）：105-121.

[134] 于建嵘. 当前我国群体性事件的主要类型及其基本特征［J］. 中国政
法大学学报，2009（6）：114-120.

[135] 于建嵘. 共治威权与法治威权——中国政治发展的问题和出路［J］.
当代世界社会主义问题，2008（4）：17-25.

[136] 余红，马旭. 社交媒体语境下风险议题的建构与转向——以山东问题
疫苗事件为例［J］. 情报杂志，2017，36（3）：79-85.

[137] 余红，王庆. 社会怨恨与媒体建构［J］. 华中科技大学学报（社会科学
版），2015（3）：125-130.

[138] 余红. 网络时政论坛舆论领袖研究——以强国社区中日论坛为例
［D］. 武汉：华中科技大学，2007.

[139] 余秀才. 网络舆论传播的行为与动因[D]. 武汉：华中科技大学，2010.

[140] 喻国明. 网络舆情热点事件的特征及统计分析[J]. 人民论坛旬刊，2010(4)：24-26.

[141] 喻国明，梁爽. 移动互联时代：场景的凸显及其价值分析[J]. 当代传播(汉文版)，2017(1)：10-13.

[142] 曾凡斌. 重大突发事件中的 BBS 舆论特点与管理初探——对人民网"强国论坛"的个案观察[J]. 出版发行研究，2006(4)：61-67.

[143] 曾繁旭，戴佳，王宇琦. 风险行业的公众沟通与信任建设：以中广核为例[J]. 中国地质大学学报(社会科学版)，2015，15(1)：68-77.

[144] 曾繁旭，戴佳，王宇琦. 技术风险 VS 感知风险：传播过程与风险社会放大[J]. 现代传播，2015，37(3)：40-46.

[145] 曾繁旭，戴佳，杨宇菲. 风险传播中的专家与公众：PX 事件的风险故事竞争[J]. 新闻记者，2015(9)：69-78.

[146] 曾繁旭，戴佳，郑婕. 框架争夺、共鸣与扩散：PM2.5 议题的媒体报道分析[J]. 国际新闻界，2013(8)：96-108.

[147] 张洁，张涛甫. 美国风险传播研究：学术沿革、核心命题及其关键因素[J]. 国际新闻界，2009(9)：95-101.

[148] 张明新，刘伟. 互联网的政治性使用与我国公众的政治信任——一项经验性研究[J]. 公共管理学报，2014(1)：90-103.

[149] 张雯，余红. 网民既有认知对媒体议程设置的调节[J]. 当代传播，2016(3)：80-82.

[150] 张雯. 真实的我？实际的我？——网络交友的自我暴露和自我呈现研究的回顾[J]. 人文论谭，2013(1)：374-380.

[151] 张香萍. 网络谣言的治理机制——基于信任危机与表达狂欢的视角[J]. 中州大学学报，2014(6)：68-72.

[152] 张玉佩. 从媒体影像观照自己——观展/表演典范之初探[J]. 新闻学研究，2004(82)：41-85.

[153] 章秀英, 戴春林. 网络使用对政治信任的影响及其路径——基于 9 省 18 个县(市)的问卷调查[J]. 浙江社会科学, 2014(12): 94-100.

[154] 赵大海, 胡伟. 中国大城市公共服务公众满意度的测评与政策建议 [J]. 上海行政学院学报, 2014, 15(1): 23-29.

[155] 赵为学. 论新闻传播话语分析理论的建构[D]. 上海: 上海大学, 2008.

[156] 赵振宇. 论新闻评论的根本特性[J]. 新闻大学, 2006(1): 86-90.

[157] 郑建君. 政治信任、社会公正与政治参与的关系——一项基于 625 名 中国被试的实证分析[J]. 政治学研究, 2013(6): 61-74.

[158] 郑雯. "媒介化抗争": 变迁、机理与挑战[D]. 上海: 复旦大学, 2013.

[159] 周红丰, 吴晓平. 重思新闻业危机: 文化的力量——杰弗里·亚历山 大教授的文化学反思[J]. 新闻记者, 2015(3): 4-12.

[160] 周书楠. 网络新闻传播过程中的在线评论语言特征分析[J]. 新闻知 识, 2015(1): 66-68.

[161] 周翔, 程晓璇. "反公众"何以为"反"——一种多元视角下的公共领 域思考[J]. 武汉大学学报(人文科学版), 2016, 69(5): 63-71.

[162] 周宇豪. 公共政策决策中的网络媒体与公民表达权探析[J]. 郑州大 学学报(哲学社会科学版), 2014(3): 177-181.

[163] 周裕琼, 齐发鹏. 策略性框架与框架化机制: 乌坎事件中抗争性话语 的建构与传播[J]. 新闻与传播研究, 2014(8): 46-69.

[164] 周裕琼. 从标语管窥中国社会抗争的话语体系与话语逻辑: 基于环保 和征地事件的综合分析[J]. 国际新闻界, 2016, 38(5): 52-68.

[165] 朱志玲. 结构、怨恨和话语: 无直接利益冲突的宏观条件形成机制研 究——基于斯梅尔塞加值理论的思考[J]. 中南大学学报(社会科学 版), 2013(3): 91-97.

[166] 祝华新. 发展"网上群众路线"[N]. 中国青年报. 2012-08-27.

[167] 祝华新. 用互联网精神治理互联网[J]. 中国传媒科技, 2014(16): 51-53.

[168] 祝华新. 网络舆论倒逼中国改革[J]. 当代传播, 2011(6): 45-48.

[169] 祝建华. 中文传播研究之理论化与本土化: 以受众及媒体效果的整合理论为例[J]. 新闻学研究, 2001(68): 1- 21.

[170] 祝华新, 潘宇峰, 陈晓冉. 2016 年中国互联网舆情分析报告[M]//李培林, 陈光金, 张翼, 2017 年中国社会形势分析与预测. 北京: 社会科学文献出版社, 2017: 229-247.

[171] Abdul-Mageed M. Online News Sites and Journalism 2.0: Reader Comments on Al Jazeera Arabic[J]. Triplec, 2008(2): 59-76.

[172] Abercrombie N, Longhurst B. Audiences: A Sociological Theory of Performance and Imagination[J]. London Thousand Oaks & New, 1998, 48(4): 172-175.

[173] Áine McConnon. Strategies for Dismissing Dietary Risks: Insights from User-generated Comments Online[J]. Health Risk & Society, 2014, 16(4): 308-322.

[174] Almgren, S. Olsson, T. "Let's Get them Involved"… to Some Extent: Analyzing Online News Participation[J]. Social Media and Society, 2015, 1(2): 1-11.

[175] Amparo Elizabeth Cano, Suvodeep Mazumdar, Fabio Ciravegna. Social Influence Analysis in Microblogging Platforms: A Topic Sensitive Based Approach[J]. Semantic Web, 2014, 5(5): 357-372.

[176] Molm L D, Takahashi N, Peterson G. Risk and Trust in Social Exchange: An Experimental Test of a Classical Proposition[J]. American Journal of Sociology, 2000, 105(5): 1396-1427.

[177] And R B C, Goldstein N J. Social Influence: Compliance and Conformity[J]. Annual Review of Psychology, 2004, 55(1): 591.

[178] Anderson, A. A., Brossard, D., Scheufele, D. A., Xenos, M. A., Ladwig, P. The "Nasty Effect:" Online Incivility and Risk Perceptions of Emerging Technologies[J]. Journal of Computer-Mediated Communication,

2014(19): 373-387.

[179] Asch S E. Opinions and Social Pressure [J]. Nature, 1955, 176(4491): 1009-1011.

[180] Bandari R, Asur S, Huberman B A. The Pulse of News in Social Media: Forecasting Popularity [J/OL]. [2015-12-25]. http://arxiv. org/abs/ 1202.0332.

[181] Bandura, A. Social Foundations of Thought and Action: A Social Cognitive Theory[M]. Prentice-Hall Inc, 1986:

[182] Baron, R. M., Kenny, D. A. The Moderator-mediator Variable Distinction in Social Psychological Research: Conceptual, Strategic and Statistical Considerations[J]. Journal of Personality and Social Psychology, 1986, 51(6): 1173-1182.

[183] Bartel C A, Saavedra R. The Collective Construction of Work Group Moods[J]. Administrative Science Quarterly, 2000, 45(2): 197-231.

[184] Baum A, Fleming R, Davidson L M. Natural Disaster and Technological Catastrophe[J]. Environment and Behavior, 1983, 15(3): 333-354.

[185] Bentler P M, Bonett D G. Significance Tests and Goodness of Fit in the Analysis of Covariance Structures [J]. Psychological Bulletin, 1980, 88 (3): 588-606.

[186] Blom, R., Carpenter, S., Bowe, B. J., Lange, R. Frequent Contributors within US Newspaper Comment Forums: An Examination of Their Civility and Information Value[J]. American Behavioral Scientist, 2014(58): 1314-1328.

[187] Borah P. Does it Matter Where You Read the News Story? Interaction of Incivility and News Frames in the Political Blogosphere [J]. Communication Research, 2014, 41(6): 809-827.

[188] Bradbury. J A. The Policy Implications of Differing Concepts of Risk[J]. Science Technology & Human Values, 1989, 14(4): 380-399.

[189] Browne M W, Cudeck R. Alternative Ways of Assessing Model Fit[J]. Sociological Methods & Research, 1992, 21(2): 230-258.

[190] Bryant J, Miron D. Theory and Research in Mass Communication[J]. Journal of Communication, 2004, 54(4): 662-704.

[191] Bucy. Interactivity in Society: Locating an Elusive Concept[J]. Information Society, 2004, 20(5): 373-383.

[192] Burkhalter, S., Gastil, J., Kelshaw, T. A Conceptual Definition and Theoretical Model of Public Deliberation in Small Face-to-face Groups [J]. Communication Theory, 2002, 12: 398-422.

[193] Carmel, D., Roitman, H., Yom-Tov, E. On the Relationship Between Novelty and Popularity of User-generated Content[J]. ACM Transactions on Intelligent Systems & Technology, 2012(4): 1509-1512.

[194] Catterberg G, Moreno A. The Individual Bases of Political Trust: Trends in New and Established Democracies[J]. International Journal of Public Opinion Research, 2006, 18(1): 31-48.

[195] Ceron A. Internet, News, and Political Trust: The Difference Between Social Media and Online Media Outlets[J]. Journal of Computer-Mediated Communication, 2015, 20(5): 487-503.

[196] Cha M, Haddadi H, Benevenuto F, et al. Measuring User Influence in Twitter: The Million Follower Fallacy[C]// International Conference on Weblogs and Social Media, Washington, DC, USA, 2010.

[197] Chen X, Shi T. Media Effects on Political Confidence and Trust in the People's Republic of China in the Post-Tiananmen Period[J]. East Asia, 2001, 19(3): 84-118.

[198] Chen, G. M., Ng, M. Third-person Perception of Online Comments: Civil Ones Persuade You More than Me [J]. Computers in Human Behavior, 2016(55): 736-742.

[199] Cho H, Boster F J. Effects of Gain Versus Loss Frame Antidrug Ads on

Adolescents[J]. Journal of Communication, 2008, 58(3): 428-446.

[200] Cho, D., Kwon, K. H. The Impacts of Identity Verification and Disclosure of Social Cues on Flaming in Online User Comments[J]. Computers in Human Behavior, 2015, 51(PA): 363-372.

[201] Cialdini, R. B., Goldstein, N. J. Social Influence: Compliance and Conformity[J]. Annual Review of Psychology, 2004(55): 591-621.

[202] Coe K, Kenski K, Rains S A. Online and Uncivil? Patterns and Determinants of Incivility in Newspaper Website Comments[J]. Journal of Communication, 2014, 64(4): 658-679.

[203] Cox R. Environmental Communication and the Public Sphere[M]. Sage Publications, 2010.

[204] Dahlberg L. Rethinking the Fragmentation of the Cyberpublic: From Consensus to Contestation[J]. 2007, 9(5): 827-847.

[205] Dahlberg, L. Re-constructing Digital Democracy: An Outline of Four "Positions"[J]. New Media & Society, 2011, 13(6): 855-872.

[206] Deutsch M, Gerard H B. A Study of Normative and Informational Social Influences upon Individual Judgement [J]. Journal of Abnormal Psychology, 1955, 51(3): 629-636.

[207] Diakopoulos N, Naaman M. Towards Quality Discourse in Online News Comments[C]// ACM Conference on Computer Supported Cooperative Work, 2011: 133-142.

[208] Domingo, D. Interactivity in the Daily Routines of Online Newsrooms: Dealing with an Uncomfortable Myth[J]. Journal of Computer-Mediated Communication, 2008, 13(3): 680-704.

[209] Donn J E, Sherman R C. Attitudes and Practices Regarding the Formation of Romantic Relationships on the Internet[J]. Cyberpsychol & Behavior, 2002, 5(2): 107-123.

[210] Douglas M, Wildavsky A. How Can We Know the Risks We Face? Why

Risk Selection is a Social Process[J]. Risk Analysis, 2010, 2(2): 49-58.

[211] Ellison, N. B., Gray, R., Lampse, C. Social Capital and Resource Requests on Facebook[J]. New Media and Society, 2014, 16(7): 1104-1121.

[212] Entman, R. M. Framing: Toward Clarification of a Fractured Paradigm [J]. Journal of Communication, 1993, 43(4): 51-58.

[213] Erikson K. Toxic Reckoning: Business Faces a New Kind of Fear[J]. Harvard Business Review, 1990, 68(1): 118-126.

[214] Feinberg Y, Pereira J A, Quach S, et al. Understanding Public Perceptions of the HPV Vaccination Based on Online Comments to Canadian News Articles[J]. Plos One, 2015, 10(6): e0129587.

[215] Felski R. Beyond Feminist Aesthetics: Feminist Literature and Social Change[J]. Journal of American Folklore, 1992, 105(417): 388.

[216] Finucane, M. L., Alhakami, A., Slovic, P., Johnson, S. M. The Affect Heuristic in Judgments of Risks and Benefits[J]. Journal of Behavioral Decision Making, 2000, 13(13): 1-17.

[217] Flaviano Morone and Hernan A. Makse. Influence Maximization in Complex Networks Through Optimal Percolation[J]. Nature, 524: 65-68, 2015.

[218] Flynn J, Slovic P, Mertz C K. Gender, Race, and Perception of Environmental Health Risks[J]. Risk Analysis An Official Publication of the Society for Risk Analysis, 1994, 14(6): 1101.

[219] Fornell C, Larcker D F. Evaluating Structural Equation Models with Unobservable Variables and Measurement Error[J]. Journal of Marketing Research, 1981, 18(1): 39-50.

[220] Fraser N. Rethinking the Public Sphere: A Contribution to the Critique of Actually Existing Democracy[J]. Social Text, 1990(25): 56-80.

[221] Freelon, Deen. Discourse Architecture, Ideology, and Democratic Norms

in Online Political Discussion[J]. New Media & Society, 2015, 17(5):
772-791.

[222] Furnham, A. Lay Theories: Everyday Understanding of Problems in the
Social Sciences[M]. New York: Pergamon Press, 1988.

[223] Gamson W A, Modigliani A. Media Discourse and Public Opinion on
Nuclear Power: A Constructionist Approach [J]. American Journal of
Sociology, 1989, 95(1): 1-37.

[224] Gao, Y., Koo, T. T. R. Flying Australia-europe via China: A Qualitative
Analysis of the Factors Affecting Travelers' Choice of Chinese Carriers
Using Online Comments Data[J]. Journal of Air Transport Management,
2014, 39(C): 23-29.

[225] Gervais B T. Incivility Online: Affective and Behavioral Reactions to
Uncivil Political Posts in a Web-based Experiment [J]. Journal of
Information Technology & Politics, 2015, 12(2): 167-185.

[226] Goffman, E., Frame Analysis: An Essay on the Organization of Experience
[M]. Boston: Northeastern University Press, 1974: 21-40.

[227] Goldsborough B, Reid. The Influence of Active Online Users[J]. Black
Issues in Higher Education, 2002, 19(5): 30-31.

[228] Graham. T. What's Wife Swap Got to do with it? Talking Politics in the
Net-based Public Sphere [D]. University of Amsterdam, Amsterdam
School of Communications, 2009.

[229] Griffin R J, Yang Z, Ellen H T, et al. After the Flood: Anger,
Attribution, and the Seeking of Information[J]. Science Communication,
2008, 29(3): 285-315.

[230] Gross K. Framing Persuasive Appeals: Episodic and Thematic Framing,
Emotional Response, and Policy Opinion [J]. Political Psychology,
2008, 29(2): 169-192.

[231] Han S H, Brazeal L A M. Playing Nice: Modeling Civility in Online

Political Discussions[J]. Communication Research Reports, 2015, 32 (1): 20-28.

[232] Hayes, A. F. Beyond Baron and Kenny: Statistical Mediation Analysis in the New Millennium[J]. Communication Monographs, 2009, 76(4): 408-420.

[233] Hermida, A., Thurman, N. A Clash of Cultures: The Integration of User-generated Content Within Professional Journalistic Frameworks at British Newspaper Websites[J]. Journalism Practice, 2008, 2(3): 343-356.

[234] Holton A, Lee N, Coleman R. Commenting on Health: A Framing Analysis of User Comments in Response to Health Articles Online[J]. Journal of Health Communication, 2014, 19(7): 825-837.

[235] Hu J, Fang Y, Godavarthy A. Topical Authority Propagation on Microblogs [C]// ACM International Conference on Conference on Information & Knowledge Management, 2013: 1901-1904.

[236] Huffaker, D. Dimensions of leadership and Social Influence in Online Communities[J]. Human Communication Research, 2010, 36(4): 593-617.

[237] Jang Y J, Kim H W, Jung Y. A Mixed Methods Approach to the Posting of Benevolent Comments Online[J]. International Journal of Information Management, 2016, 36(3): 414-424.

[238] Jones, Q., Rafaeli, S. Time to Split, Virtually: "Discourse Architecture" and "Community Building" Create Vibrant Virtual Publics[J]. Electronic Markets, 2000(10): 214-223.

[239] Kahneman, D., Tversky, A. Prospect Theory: An Analysis of Decisions Under Risk[J]. Econometrica, 1979, 47(2): 263-291.

[240] Kim H J, Cameron G T. Emotions Matter in Crisis: The Role of Anger and Sadness in the Publics' Response to Crisis News Framing and Corporate Crisis Response[J]. Communication Research, 2011, 38(6):

826-855.

[241] Kline R B. Principles and Practice of Structural Equation Modeling[J]. Journal of the American Statistical Association, 1998, 101(12).

[242] Knight T, Barnett J. Perceived Efficacy and Attitudes Towards Genetic Science and Science Governance[J]. Public Understanding of Science, 2010, 19(4): 386-402.

[243] Kong S, Feng L. A Tweet-centric Approach for Topic-specific Author Ranking in Microblog[C]//International Conference on Advanced Data Mining and Applications. Springer-Verlag, 2011: 138-151.

[244] Ksiazek, T. B. Civil Interactivity: How News Organizations' Commenting Policies Explain Civility and Hostility in User Comments[J]. Journal of Broadcasting & Electronic Media, 2015, 59(4), 556-573.

[245] Kühne R, Schemer C. Kühne, R., Schemer, C. The Emotional Effects of News Frames on Information Processing and Opinion Formation [J]. Communication Research, 2015, 2002(3): 137-158.

[246] Langman, L. From Virtual Public Spheres to Global Justice: A Critical Theory of Internetworked Social Movements [J]. Sociological Theory, 2015, 23(1): 42-74.

[247] Latané B. The Psychology of Social Impact[J]. American Psychologist, 1981, 36(4): 343-356.

[248] Lee, S. H., Kim, H. W. Why People Post Benevolent and Malicious Comments Online[J]. Communications of the ACM, 2015, 58(11), 74-79.

[249] Lei, Y., Pereira, J. A., Quach, S., Bettinger, J. A., Kwong, J. C., Corace, K., et al. Examining Perceptions about Mandatory Influenza Vaccination of Healthcare Workers Through Online Comments on News Stories[J]. Plos One, 2015, 10(6): 654-659.

[250] Lerner J S, Keltner D. Fear, Anger, and Risk[J]. Journal of Personality

& Social Psychology, 2001, 81(1): 146-59.

[251] Liu, Q., Zhou, M., Zhao, X. Understanding News 2.0: A Framework for Explaining the Number of Comments from Readers on Online News [J]. Information & Management, 2015, 67(6): 764-776.

[252] Loewenstein, G. F., Weber, E. U., Hsee, C. K., Welch, N. Risk as Feelings[J]. Psychological Bulletin, 2001, 127(2): 267-286.

[253] Loroz, P. S. The Interaction of Message Frames and Reference Points in Prosocial Persuasive Appeals[J]. Psychology & Marketing, 2007, (24): 1001-1023.

[254] Lu H. The Effects of Emotional Appeals and Gain Versus Loss Framing in Communicating Sea Star Wasting Disease[J]. Science Communication: Linking Theory and Practice, 2016, 38(2): 143-169.

[255] Lyons B, Henderson K. Opinion Leadership in a Computer-mediated Environment[J]. Journal of Consumer Behaviour, 2005, 4(5): 319-329.

[256] Manosevitch E, Walker D M. Reader Comments to Online Opinion Journalism: A Space of Public Deliberation [J/OL]. [2012-04-07]. http://online.journalism.utexas.edu/2009/papers/ManosevitchWalker09. pdf.

[257] Marcu, A., Uzzell, D. Barnett, J. Making Sense of Unfamiliar Risks in the Countryside: The Case of Lyme Disease[J]. Health & Place, 2011 (17): 843-850.

[258] Marcuse H. One-Dimensional Man: Studies in the Ideology of Advanced Industrial Society[M]. Boston, MA: Beacon, 1964: 23.

[259] Margolis H. Selfishness, Altruism, and Rationality[J]. University of Chicago Press Economics Books, 1984, 10(1): 624-626.

[260] Mccombs M, Shaw D L, Weaver D. Communication and Democracy: Exploring the Intellectual Frontiers in Agenda-Setting Theory [M]. Lawrence Erlbaum Associates, 1997.

[261] Meltzer, K. Journalistic Concern About Uncivil Political Talk in Digital News Media: Responsibility, Credibility, and Academic Influence [J]. The International Journal of Press/Politics, 2015(20): 85-107.

[262] Miller A H. Political Issues and Trust in Government: 1964—1970[J]. American Political Science Review, 1974, 68(3): 951-972.

[263] Molm, L. D., Takahashi, N., Peterson, G. Risk and Trust in Social Exchange: An Experimental Test of a Classical Proposition[J]. American Journal of Sociology, 2000.

[264] Morton T A, Duck J M. Communication and Health Beliefs Mass and Interpersonal Influences on Perceptions of Risk to Self and Others [J]. Communication Research, 2001, 28(28): 602-626.

[265] Mouffe, C. Deliberative Democracy or Agonistic Pluralism? [J]. Social Research, 1999, 66(3): 745-758.

[266] Mutz, D. C., Reeves, B. The Videomalaise: Effects of Televised Incivility on Political Trust[J]. American Political Science Review, 2005, 99(1): 1196-1211.

[267] Nerb, Josef., Spada Hasa. Evaluation of Environmental Problems: A Coherence Model of Cognition and Emotion[J]. Cognition and Emotion, 2011, 15(4): 521-551.

[268] Neuman, W. L. Social Research Methods: Qualitative and Quantitative Approaches (6th ed.)[M]. Pearson International Edition, 2006.

[269] Nielsen C. Newspaper Journalists Support Online Comments [J]. Newspaper Research Journal, 2012, 33(1): 86-100.

[270] P. Korgaonkar, L. D. Wolin, Web Usage, Advertising, and Shopping: Relationship Patterns[J]. Internet Research, 2002,12(2):191-204.

[271] Papacharissi Z. Democracy Online: Civility, Politeness, and the Democratic Potential of Online Political Discussion Groups [J]. New Media & Society, 2004, 6(2): 259-283.

[272] Park, N., Lee, K. M. Effects of Online News Forum on Corporate Reputation[J]. Public Relations Review, 2007, 33(3), 346-348.

[273] Paulussen S, Heinonen A, Domingo D, et al. Doing it Together: Citizen Participation in the Professional News Making Process[J]. Observatorio, 2007, 3(3): 131-154.

[274] Paulussen S, Ugille P. User Generated Content in the Newsroom: Professional and Organisational Constraints on Participatory Journalism [J]. Westminster Papers in Communication & Culture, 2008, 5(2): 24-41.

[275] Petts, J., Horlick-Jones, T., Murdock, G. Social Amplification of Risk: The Media and Thepublic[M]. Sudbury: HSE Books, 2001.

[276] Porismita Borah. Interactions of News Frames and Incivility in the Political Blogosphere: Examining Perceptual Outcomes [J]. Political Communication, 2013, 30(3): 456-473.

[277] Preacher, K. I., Hayes, A. F. Asymptotic and Resampling Strategies for Assessing and Comparing Indirect Effects in Multiple Mediator Models [J]. Behavior Research Methods, 2008, 40(3): 879-891.

[278] Quiring O. What do Users Associate with "Interactivity"? A Qualitative Study on User Schemata[J]. New Media & Society, 2009, 11(6): 899-920.

[279] Rafaeli S, Sudweeks F. Networked Interactivity[J]. Journal of Computer-mediated Communication, 1997, 2(4).

[280] Robinson, S. Traditionalists US. Convergers: Textual Privilege, Boundary Work, and the Journalist-audience Relationship in the Commenting Policies of Online News Sites[J]. Convergence, 2010, 16(1): 125-143.

[281] Rösner L, Winter S, Krämer N C. Dangerous Minds? Effects of Uncivil Online Comments on Aggressive Cognitions, Emotions, and Behavior[J]. Computers in Human Behavior, 2016(58): 461-470.

[282] Rowe, Ian. Deliberation 2. 0: Comparing the Deliberative Quality of Online News User Comments Across Platforms [J]. Journal of Broadcasting & Electronic Media, 2015, 59(4): 539-555.

[283] Ruiz C, Domingo D, Micó J L, et al. Public Sphere 2. 0? The Democratic Qualities of Citizen Debates in Online Newspapers [J]. International Journal of Press/politics, 2011, 16(4): 463-487.

[284] Sarah Sobieraj, Jeffrey M. Berry From Incivility to Outrage: Political Discourse in Blogs, Talk Radio, and Cable News, Political Communication [J], 2011, 28(1): 19-41.

[285] Scheufele, D. A. Framing as a Theory of Media Effects [J]. Journal of Communication, 1999, 49(1): 103-122.

[286] Shi, R., Messaris, P., Cappella, J. N. Effects of Online Comments on Smokers' Perception of Antismoking Public Service Announcements [J]. Journal of Computer-Mediated Communication, 2014, 19(4): 975-990.

[287] Short J F. On Defining, Describing, and Explaining Elephants (and Reactions to them): Hazards, Disasters, and Risk Analysis [J]. International Journal of Mass Emergencies & Disasters, 1989, 7(3): 397-418.

[288] Sproull L. Prosocial Behavior on the Net [J]. Daedalus, 2011, 140(4): 140-153.

[289] Stoner J A F. Risky and Cautious Shifts in Group Decisions: The Influence of Widely Held Values [J]. Journal of Experimental Social Psychology, 1968, 4(4): 442-459.

[290] Sundar, S. S. Theorizing Interactivity's Effects. The Information Society, 2004(20): 385-389.

[291] Sung K H, Lee M J. Do Online Comments Influence the Public's Attitudes toward an Organization? Effects of Online Comments Based on Individuals' Prior Attitudes [J]. Journal of Psychology, 2015, 149(4): 325-338.

[292] Taddicken M. The People's Choice. How the Voter Makes Up His Mind in a Presidential Campaign[M]// Schlüsselwerke der Medienwirkungsforschung. Springer Fachmedien Wiesbaden, 2016: 574-575.

[293] Toepfl F, Piwoni E. Public Spheres in Interaction: Comment Sections of News Websites as Counterpublic Spaces[J]. Journal of Communication, 2015, 65(3): 465-488.

[294] Tsagkias M, Weerkamp W, Rijke M D. News Comments: Exploring, Modeling, and Online Prediction [C]// European Conference on Advances in Information Retrieval. Springer-Verlag, 2010: 191-203.

[295] Tsagkias M, Weerkamp W, Rijke M D. Predicting the Volume of Comments on Online News Stories[C]// ACM Conference on Information and Knowledge Management, 2009: 1765-1768.

[296] Tversky A, Kahneman D. The Framing of Decisions and the Psychology of Choice[J]. Science, 1981, 211(4481): 453-8.

[297] Ürper, D. Ç., Çevikel, T. Reader Comments on Mainstream Online Newspapers in Turkey: Perceptions of Web Editors and Moderators[J]. Communications, 2014, 39(4): 483-503.

[298] Walther J. B., D'Addario. K. The Impacts of Emotions on Message Interpretation in Computer-mediated Communication[J]. Social Science Computer Review, 2001, 19(3): 324- 347

[299] Walther, J. B., DeAndrea, D., Kim, J., Anthony, J. C. The Influence of Online Comments on Perceptions of Anti-marijuana Public Service Announcements on YouTube [J]. Human Communication Research, 2010, 36(4): 469-492.

[300] Watts M. Misunderstanding Science? The Public Reconstruction of Science and Technology[J]. Science Education, 1996, 82(6): 715-717.

[301] Yang G. The Co-evolution of the Internet and Civil Society in China[J]. Asian Survey, 2003, 43(3): 405-422.

[302] Yang, H. The Effects of the Opinion and Quality of User Postings on Internet News Readers' Attitude Toward the News Issue[J]. Korean Journal of Journalism & Communications Studies, 2008, 52(2): 254-281.

[303] Zagzebski, L. Emotion and Moral Judgment[J]. Philosophy and Phenomenological Research, 2003, 66(1): 104-124.

[304] Zhengxu Wang. Before the Emergence of Critical Citizens: Economic Development and Political Trust in China[J]. International Review of Sociology, 2005, 15(1): 155-171.

[305] Ziegele M, Quiring O. Conceptualizing Online Discussion Value: A Multidimensional Framework for Analyzing User Comments on Mass-Media Websites[J]. Communication Yearbook, 2013, 37(1): 127-154.

[306] Ziegele, M., Breiner, T., Quiring, O. What Creates Interactivity in Online News Discussions? An Exploratory Analysis of Discussion Factors in User Comments on News Items[J]. Journal of Communication, 2014, 64(6): 1-28.

[307] Zimmerman. Online Aggression: The Influences of Anonymity and Social Modeling[D]. Florida: University of North Florida, 2012.

后　记

从 2014 年开始构思此书，6 年终于完成。而这六年间，地球的环境越来越糟糕，风险发生越来越频繁。我们的地球已经存在了 45 亿年，而迄今为止，考古发现最远古的人类文明也仅仅百万余年。地球经历过的灾难是无法想象的，人类也只是普通的一员而已。如果这样下去，要消失的可能是人类，而不是地球。所以，地球不需要保护，我们要保护的是自己。

而我好奇的是，为什么降低人类风险、保护自己的事情，却不容易与公众达成一致。比如注射疫苗为何常常遭受到人们的反对？为什么专家一直解释疫苗产生的耦合反应的低概率却引起公众的恐慌导致注射疫苗被抵制。为何公众感知的风险，远比专家和官方媒体建构的要更高？风险在传播的哪个环节遭到了放大？直到我的女儿出生，到了注射疫苗的年纪，我才隐隐约约地体会到家长的焦虑和担心。我开始在互联网上搜寻疫苗相关的信息，深刻体会到风险议题在新媒体语境中产生了分歧和争夺，社会化媒体带来了风险建构的多样化。这种分裂往往产生于官方媒体专家与公众间，到底是什么让公众对风险的建构区别于专家？带着这样的好奇心，我开始探索风险传播中公众参与。

感谢我的博士生导师余红教授，她如一座灯塔，指引我在学海中的航行，让我逐渐明白什么是"研究"，什么是"研究的意义"。她关于互联网舆论以及意见领袖的论文和研究给了本书极大的启发。

感谢钟瑛教授、刘洁教授、张明新教授、孙发友教授、张昆教授、陈少华教授、李卫东教授，他们渊博的学识和独特的见解，丰富了我的知识。感谢李贞芳教授，从本科到现在，亦师亦友地帮助我。感谢复旦大学廖圣清教授对本书提出宝贵的意见，使得本书不断改善。感谢习绢教授、郑丹丹教授、高超老师、刘丹老师在数据处理方面对我的帮助，使得书中的数据分析更加严谨和准确。

感谢我的好友。感谢光光花大量的时间帮我理顺逻辑、修改目录；你和大侠是每次我写不下去时寻求支持的第一选择。特别感谢周莹、刘芳、魏炼和斯斯这些挚友，在背后一直支持着我，经常写着写着我们就一起吃起了火锅、看起了电影。

感谢中南财经政法大学新闻与文化传播学院提供了理想的研究环境和氛围，感谢中南财经政法大学提供了出版的机会，这些是本书能够完成并出版的关键。

感谢尾田荣一郎，每当意志消沉的时候，「ワンピース」都会让我重新燃起斗志。